仏教の智慧《ちえ》が学べる
日々のことば

曹洞宗徳雄山建功寺住職
枡野俊明

河出書房新社

はじめに

私たちの日常では、仏教に由来する言葉がたくさん使われています。

たとえば、本書でも紹介する「挨拶《あいさつ》」もそのひとつです。

挨拶とは、もともと僧侶が向かい合って禅問答することを指しました。

それが転じて、人との出会いや別れに交わす言葉、相手への感謝や敬愛を表す言葉になったのです。

日頃、何気なく交わす挨拶が、実は重要な修行だった。

そう気づくと、ふとこれまでの自分を振り返り、今後は、相手への敬意を込めて挨拶してみようと思えるのではないでしょうか。その姿勢は、あなたの人間関係に必ず反映され、人生を豊かにするきっかけとなるでしょう。

このように、あなたの身の回りには、生きる上で役立つ言葉、人生を楽にしてくれる仏教の言葉があふれているのです。

しかし現代では、本来の意味が変化して使われている言葉も少なくありません。

そこで本書では、普段の生活で使われている仏教語の意味を、わかりやすくひもといていきます。

ひとつひとつの言葉の意味を知ると、そのたびに「なるほど」という気づきがあるでしょう。また、自分自身の価値観や生き方を見直し、新たに築き直す絶好の機会となるでしょう。

言い換えれば、それは、人生を歩んでいく上での道しるべが手に入るようなものだと私は思います。

情報にあふれ、変化が激しい現代では、何事にもブレない自分自身の軸を築くことが大切です。そのためにも、これからご紹介していく仏教の言葉は、大きな役割を果たしてくれるでしょう。

私の好きな禅語に「歩々是道場《ほほこれどうじょう》」という禅語があります。「毎日どこにいても、特別なことをしなくても、自分のいる場所が修行の場だ」という意味です。

修行というと「厳しそうだ」「大変だ」と感じるかもしれません。

しかしこれは、日々の暮らしが、自分を磨いて向上させる場だと教えている言葉です。今どんな環境にあったとしても、どれほどの忙しさだったとしても大丈夫です。目の前にある日常を、その時々で大切にして過ごせば、必ず成長し、よりよい人生へと向かっていけます。

その拠《よ》りどころとして、仏教語があります。これからご紹介する、仏教の智慧が凝縮された言葉の数々を、ぜひあなたの毎日に生かしてください。

悩みや心配事が頭を離れない時、ふと迷いが訪れた時、一歩踏み出す勇気が欲しい時、本書があなたの支えとなることを祈っています。

合　掌

令和二年　四月吉日

建功寺　方丈にて　枡野俊明

仏教の智慧が学べる日々のことば◎目次

Part 1　人との関係

Part 2　感謝・愛

Part 3　心

Part 4　語呂

Part 5　状況

Part 6 仕事・学び

Part 7　生きる

Part 8　悟り

Part 1

人との関係

挨拶

あいさつ

禅の師弟間《していかん》で行われていた問答

挨拶の語源は、一挨一拶《いちあいいっさつ》という言葉に由来します。

「挨」は押すこと、「拶」は迫ることを指します。

禅の修行では、お互《たが》いの悟りの深さを推し測るために問答がよく行われます。

その姿が、押したり迫ったりするように見えるところから、「挨拶」という言葉が生まれたのです。

その後、この言葉は人とコミュニケーションをとる際のきっかけや、感謝や親愛の気持ちを表す際に使われるようになりました。

挨拶は、私たちが他者と関わりを持とうとする際に、欠かせない行為です。

世界中どの国に行っても、挨拶の習慣が根づいています。

「おはようございます」「初めまして」「今日もよろしく」「お疲れ様」など、たった一言の挨拶があるだけで、お互いの距離がグッと縮まります。そして、そこにあたたかさや優しさ、心地よさが生まれます。

ところが最近では、この挨拶が交わされる機会がめっきり減ったように思います。あなたも、どんな場面でも「どうも」だけで済ませる人や軽く会釈《えしゃく》するだけの人を、見かけることがあるのではないでしょうか。

しかし、挨拶をされて嫌な気分になる人はいないはずです。

お互いに心を通わせ、人間関係をスムーズにするために、挨拶ほど手軽にできる行為はありません。

たとえば、あなたが職場の上司や先輩だったとしたら「目下の者から挨拶するのが筋だろう」と肩肘《かたひじ》張らず、まず自分から挨拶してみてはどうでしょう。

禅問答でも、まず師から先に言葉をかけます。

挨拶をきちんとすれば、相手だけでなく、自分自身も気持ちよくなれます。結局、相手のためにやった行為は、自分自身に返ってくるのです。

阿吽

あうん

物事の始まりと終わり

お寺の門の両脇にある仁王像は、必ず一対《いっつい》になっています。口を開けている像を「阿形《あぎょう》」、閉じている像を「吽形《うんぎょう》」と言います。

サンスクリット語で「阿」は、口を開いて出す最初の音。「吽」は口を閉じて最後に出す音です。そこから「阿吽」は、物事の最初と終わり、または、宇宙の始まりと終わりを表すようになりました。

「阿吽の呼吸」という言葉を、耳にしたことがあると思います。対する者の、互いの息がぴったり合い、絶妙のタイミングで物事が行われる様を表します。私たちの日常でも、阿吽の呼吸でわかり合える相手がいれば、物事は円滑《えんかつ》に進みます。

禅の世界では、阿吽の呼吸とは「遠く離れていてもお互いに通じ合っている師弟の間柄」を指します。

「南山打鼓北山舞（なんざんにこをうてばほくざんにまう）」という禅語があります。これは、南の山で師匠《ししょう》が打つ鼓《つづみ》に合わせて、遠く離れた北の山にいる弟子《でし》が舞う姿を表しています。

お互いの存在を心の中に置いていれば、どんなに距離を隔《へだ》てていても通じ合える関係性が作れる。そこを目指すことが大切だと、禅では教えるのです。

しかし、たとえ近くにいたとしても、相手を思いやる気持ちがなければ、阿吽の呼吸でわかり合える関係はできません。

目の前にいる相手が家族だったとしても、仕事の相手や友人、あるいは、荷物を届けてくれた宅配便の人だったとしても、基本は同じです。

その人の背後にあるものを、ふと想像してみる。心のうちに、そっと思いを向けてみる。そうすると、相手の立場に一歩寄り添った言葉かけや、行動ができるようになります。それが、阿吽の呼吸でことが運ぶようになるための、ひとつのきっかけとなるのです。

悪口

あっく

口の中にある斧《おの》で自身を斬ること

「口は災《わざわ》いの元」と言いますが、まさしくその通り。一度、口から出た言葉は取り消すことができません。

長い年月をかけて築き上げた信頼関係が、たった一言で、あっけなく崩《くず》れてしまう。そうなると、お互いの仲を修復するのは、大変です。

仏教では、話すことに関する悪い行いを「口の四悪業《しあくごう》」として定めています。妄語《もうご》（嘘《うそ》）、綺語《きご》（虚飾《きよしょく》のある言葉）、悪口（罵《のの》り《し》）、両舌《りょうぜつ》（二枚舌）の四つです。

この中で、特に、人にダメージを与えるのが、悪口でしょう。

意図的に相手を攻撃して傷つける悪口は、仏教では「あっく」と呼ばれ、特に、慎《つつし》むように教えられています。

言葉の力は絶大で、時に、凶器になります。自分では悪気がなくても、相手の心に傷を負わせていることがあるので気をつけましょう。

お釈迦様《しやかさま》は、「人間は生まれながらにして、口の中に斧を持っている」とおっしゃいました。「悪口とは、その斧で自分自身を斬ることだ」と。

悪口は必ず、自分に返ってきます。これは肝《きも》に銘《めい》じておきたいものです。

また、大人になると処世術のひとつとして、多くの人が、知らず知らずのうちに「両舌」を使うようになってしまいます。

みんなに好かれようと、相手に合わせた言動を取ってしまう。

あちらではAと言い、こちらではBと主張する。

上司がいいと言えば、本当はそう思っていなくても、肯定《こうてい》してしまう。

これでは、自分というものが無くなります。裏表なく、誰にでも同じように接し、自分の意見をはっきり言う。結局はそれが、自分にも他人にも嘘をつかずに済む、もっとも生きやすい道なのです。

一期一会

いちごいちえ

一生に一度だけと誠意を尽《つ》くす心得

茶道で大切にされているこの言葉は、「一期」と「一会」という二つの仏教語から成り立っています。

「一期」は、一生。「一会」は、一つの集《つど》い。

今日の茶会は、一生に一度だけの貴重な場だから、亭主（招く側）も客も、細心の心配りと誠意を持って臨《のぞ》みなさい。そう教える言葉です。

確かに、同じ茶室、同じ人、同じ掛け軸や茶道具であったとしても、次に催《もよお》される際に、すべてが同じになるわけではありません。

そこに流れる空気も違えば、交わされる会話も、また、集う人々の胸の内も違います。ですから、一生に一度きりのこの茶会に精魂《せいこん》を傾ける。そこに、茶の湯の精神が息づくのです。

「そうか、茶道とはそんな考え方で成り立っているのか」と、他人《ひと》ごとのように感心している場合ではありません。これは、茶会に限った話ではないのです。

毎日同じ電車に乗り、同じ職場に行き、同じ仕事仲間と働いて、「代わり映えしないな」と思っていても、1日1日はまったく違います。

すべての人が、「一期一会」の毎日を生きているのです。

ある禅僧は、毎晩寝る前に自分のお葬式をしたと言います。

どんなに健康な人も、翌日の朝、必ず目覚めるとは限りません。今日が人生最後の日になる可能性は誰にでもあります。この禅僧は、そのことを知っていたからこそ、悔《く》いが残らないよう、日々必死で生きていたのでしょう。

そして、「今日の自分は、十分生き切った。今から死んで、明日また新しく生まれ変わる」。そんな気持ちで、1日を終えたのでしょう。

一瞬一瞬が、二度と帰らない特別な時間です。そして、その時間が積み重なり、やがて、あなたの人生になっていきます。

因縁
いんねん

物事が生じる直接、間接の原因

突然ですが、梅の花はなぜ、春先にきちんと咲くことができるのか、ご存じですか？

答えは、「準備をしていたから」です。

単純すぎて、つまらなかったでしょうか。しかし、いい結果を得ようと思ったら、何よりも大切なのは準備。つまり、「原因」を作ることです。

実は、チャンスというものは、誰にでも同じようにやってきます。春風がどんな人のもとにも吹いてくるのと同じです。

寒い冬に着々と準備していた梅は、春風が吹いた時、パッと花を咲かせることができます。しかし、もし梅が、暖かい風が吹いてから準備を始めていたとしたら、時機を逃してしまい、きれいな花を咲かせることはできないでしょう。

梅のように咲く準備をして、物事の原因を作ることを、仏教では「因」と言います。春風のようなチャンスが「縁」です。

両方の言葉が合わさって、「因縁」となります。

現代では、「因縁の仲」「因縁をつけられた」など、否定的な意味で使われる言葉ですが、本来は、物事の道理を表す、大切な仏教用語なのです。

日頃から準備してあらかじめ原因を作っておけば、いい縁が巡《めぐ》ってきた時に、それを確実に摑《つか》んで、いい結果を出すことができます。小さくてもいいので、結果ひとつを出せれば、それが雪だるま式に膨らみ、大きな成果につながっていきます。逆に、チャンスが来てから、あわてて準備を始めたのでは間に合いません。あっという間に、絶好の機会は過ぎ去ってしまいます。

いい原因を作り、いい縁をつかんで、いい結果を出すことを、「善因善果《ぜんいんぜんか》」と言います。その逆は、「悪因悪果《あくいんあっか》」です。

さて、「善果」を得るために、今あなたにできることは何でしょうか。

会釈

えしゃく

釈迦の言葉を矛盾なく解釈すること

出会った時に、あるいは、すれ違いざまに軽く会釈をする。

「あなたを気遣っています」「仲良くやりましょう」という便利なサインです。

言葉を介《かい》さずとも、一瞬でコミュニケーションできるのですから、社会生活をスムーズに送るために、人間が編み出したひとつの知恵と言えるかもしれません。

しかし、仏教で言う「会釈」には、また別の意味があります。

お釈迦様の言葉を矛盾《むじゅん》のないよう解釈して、真実の意味を確認することを、仏教では、会釈と言うのです。

なぜ、そのような作業をする必要があったのでしょう。

それは、お釈迦様がひとつのことを伝えるために、相手に合わせて、さまざまな表現やたとえ話を使ったからです。これを、対機説法《たいきせっぽう》と言います。

お釈迦様は、この対機説法の名人でした。

たとえば、同じ教えを説くにしても、それを聞く人が男性か女性か、文字が読めるのか、読めないのか、あるいは、どんな立場や仕事で年齢はいくつなのかによって、当然、伝え方も変わってきます。

そのため、お釈迦様は、相手が「なるほど！」とうなずけるような、わかりやすい例をあげて話されたのです。

あまりにも説法のバリエーションが多数あったため、のちに弟子たちが、その教えをひとつずつ掘り下げ、理解を深めていったというわけです。

お釈迦様は、どんな人にも歩み寄り、仏法を伝えようとしていたのですね。

現代の会釈は、頭を下げる程度ですが、私たちもお釈迦様を見習って、相手に一歩、歩み寄ってみましょう。「こんにちは」「今日は暑いですね」「お久しぶりです」など、一言添えてみるのです。すると、お互いのバリアがスッと溶け、そこに、あたたかな交流が生まれるでしょう。

愚痴《ぐち》

真理に暗く、迷い悩むこと

「仕事が大変だ」「また嫌味を言われた」「あいつにも、困ったものだ」……。

つい愚痴をこぼしたくなることは、誰にでもありますね。

愚痴は、確かに、ストレスのはけ口になります。しかし、言う方にとっても言われる方にとっても、いい影響は及ぼしません。愚痴を言ってすっきりしたと思うのは束《つか》の間《ま》で、また新たな愚痴が湧《わ》いてきてイライラするのがオチでしょう。

もちろん、頭では皆それがわかっているはずです。それでも鬱憤《うっぷん》が溜まると、つい愚痴りたくなるのが、人間の常です。

そのループから抜け出しましょう。すると、毎日がもっと楽しくなります。

愚痴とは、真理に暗いことを指します。煩悩《ぼんのう》に振り回された愚《おろ》かな状態、物事を正しく捉《とら》えられていない状態です。

たとえば、他人が思い通りに動いてくれないと愚痴りたくなる時は、「自分の都合」で相手を見ています。相手の都合は、まったく見えていない状態です。自分の欲や願望だけにとらわれると、物事がゆがんで見えてしまいます。それが、愚痴の原因なのです。

相手には相手の事情や考え方がある。そんな当たり前のことに気づく余裕が持てれば、愚痴は自《おの》ずと減っていくでしょう。

禅寺の修行僧は、日課に従って、単調な生活を繰り返します。そのような生活が清らかな心を保ち、自分という器を広げるために、非常に役立つからです。

同じ場所で同じ時間に起き、同じ日課をこなすからこそ、季節の変化や自分自身の変化に気づけます。そこで生まれる余裕や感性が、物事を正しく見る目や、相手を察する優しい心を生み、結果的にその人の器を大きくします。

愚痴を無理に封印《ふういん》しようとする前に、まず感性を磨《みが》き、心を整えることから始めましょう。そうすると、必ず平穏な日々が訪れるでしょう。

共同《ぐどう》

互いに支え合い、共に生きること

『銀河鉄道の夜』で有名な宮澤賢治は、仏教に造詣《ぞうけい》が深かったことで知られています。彼は、「世界がぜんたい幸福にならないうちは個人の幸福はあり得ない」という言葉を残しています。これこそ、「共同」の考え方です。

この世の生きとし生けるものは、何事も単独で成り立ってはいない。お互いに関係しあっている。

すべての存在が必要あって存在しているのだから、全員がよい状態で暮らしていけるようにする必要がある。

これが、仏教で言う「共同」です。

別の言葉で、「共生《ともいき》」とも言います。

一昔前に「勝ち組、負け組」という言葉が流行《はや》りましたが、それとは逆の考え方ですね。最近の言葉で言えば、お互いが利益を得る方法を探す「ウィンウィン」が、他者と共同していく生き方だと言えるでしょう。

自分の利益や目先の便利さだけを追求して、「自分さえよければいい」「今が幸せなら、未来はどうでもいい」と考えて行動すれば、一時《いっとき》は満たされるでしょう。しかし、そこに真の幸せは訪れません。

では、自分を犠牲《ぎせい》にして社会や他者のために尽くせばいいのかというと、そうではありません。

まず、共に生かされていることに感謝し、自分自身の心を安らかに保つ。その上で、社会全体や、目の前にいる相手に対して、できるかぎり心を尽くす。

「共同」は、そこから始まります。

機会があれば、賢治の遺《のこ》した「雨ニモマケズ」の詩を、読んでみてください。最後まで他者と共同して生きようとした、彼の生き様を感じることができるでしょう。

他生の縁

たしょうのえん

大勢のご先祖様からの大切な縁

「他生」とは、今の人生以外の人生。前世や、来世の人生のことです。

「まあ、袖《そで》振り合うも他生の縁ですから、仲良くやりましょう」と言いますが、これは「今まで別の人生でも会っているのですから」と言っているわけですね。

決して「多少の縁」ではないので、もし勘違いしていたとしたら、ここで正しく覚えてください。

ところで、この「他生」には、もうひとつ大事な意味があります。

「他生」とは、実は、ご先祖様のことなのです。

会ったこともないご先祖様のさまざまな縁をいただいて、今、自分が存在している。その縁に生かさせて頂いていることを知って、感謝の気持ちを持つ。

その大切さを、この言葉は教えています。

しかし最近は、お仏壇《ぶつだん》のない家も増え、お墓参りする習慣のない方も多くなりました。ですから正直な話、先祖の話をされても、ピンとこないかもしれません。

ですが、この数字を知れば、その考えは変わるはずです。

10代さかのぼれば、あなたには、1024人のご先祖様がいます。

さらに、そこからまた、10代さかのぼると100万人以上のご先祖様がいることになります。

さらにそこから……と数え始めるとキリがないのでやめますが、その膨大な数のうち、一人でも欠けていたら、あなたはこの世に生まれていないのです。

あなたの命は、そのご先祖から預かった大切な宝物です。預かり物は傷をつけないよう丁寧に扱い、そして、ご先祖がいらっしゃる「仏国土《ぶっこくど》」にいつか返さねばなりません。傷つけたり、ないがしろにしたりするのは、もってのほかです。

大勢のご先祖のお陰で自分がいる。自分の命は、自分だけのものではない。それを教えるのが、「他生の縁」という言葉なのです。さあ、お参りをしませんか。

面目

めんもく

もともと持っている美しい心

顔向けができないくらい大失敗した時には、「面目ない」。どうにか体面を保つことができた時は、「面目が立った」。

このように、「面目」とは、世間や他者に対して、自分自身の名誉《めいよ》や立場を表す際に使われます。

「面目を失う」「面目丸つぶれ」「真面目《しんめんもく》」など、この言葉を使った表現が多数あるのは、世間体や周囲の評判を重視する日本ならではかもしれません。

禅では、「本来の面目」といって非常に大事な言葉で、「真理」「真如」「本来の姿」「仏性《ぶっしょう》」を指します。

「仏性」とは、私たちの中にある仏と同じ部分。生まれる前から持ち合わせている美しい心であり、一点の曇《くも》りもない「本来の自己」のことです。

私たちは誰もが、磨かれた鏡のような仏性を生まれ持っています。

しかし、ともすると、それは自我やエゴにとらわれて曇ってしまう。

ですから、日々修行して本来の姿、つまり、「本来の面目」を保たねばならないと、禅では考えるのです。

曹洞宗《そうとうしゅう》の開祖である道元禅師《どうげんぜんじ》は、「本来の面目」と題した歌を詠《よ》んでいます。

春は花　夏ほととぎす　秋は月　冬雪さえて　冷《すず》しかりけり

移りゆく季節の風情《ふぜい》が、見事に詠み込まれた一首ですね。

なぜ道元禅師は、四季折々の自然を詠んだ歌に、この題をつけたのでしょう。

それは、美しい自然の姿にこそ真理があり、仏性があるからです。

山も草木も月も、何の計らいごともせず、ただありのままに存在しています。

そんな、あるがままの自然こそ「面目ある生き方」を教えてくれる師なのです。

Part 2

感謝・愛

愛

あい

ものを貪り、それに執着すること

「愛」は、仏教ではあまり歓迎されない言葉です。ものを貪り、それに執着することとされているからです。「愛欲」や「渇愛《かつあい》」などの言葉に表されるように、のどがヒリヒリと渇《かわ》くような欲望が、仏教における「愛」なのです。

ただし現代では、愛が地球を救ったり「愛がすべて」と言われたり、とかく愛は尊いものとされています。ですから、あなたも意外に思ったかもしれません。

しかし仏教には、今に通じる「愛」もあります。それが、「慈悲《じひ》」です（46ページ）。

「和顔愛語《わげんあいご》」という言葉があります。これは、和《なご》やかな表情で、慈悲深く愛のある言葉を発することです。

悩んで落ち込んでいる時に、「頑張れ」と声をかけられたり、解決策をアドバイスされたりすると、かえって気分が沈むこともありますが、「そんな時もあるよね」と優しい笑顔で寄り添ってもらえると、気持ちが落ち着きますね。

このような形で、愛（慈悲）を相手に施すことを、菩薩行《ぼさつぎょう》（47ページ）と言います。菩薩行の中には、たとえば次の四つがあります。

布施《ふせ》（物を施《ほどこ》すこと、教えを説くこと）、利行《りぎょう》（相手の利益になる行動をすること）、同事《どうじ》（相手と同じ立場に身を置くこと）、そして、慈しみの言葉をかける「愛語」です。

これらは、四摂法《ししょうぼう》とも言われます。完璧に実践するのはむずかしいかもしれませんが、愛（慈悲）を実践するための拠りどころとなる指針です。

もしあなたが、愛を求めているのなら、まずできるところからでいいですから、この四摂法にチャレンジしてみてはどうでしょうか。

有り難い

ありがたい

有ることがとてもむずかしいこと

「有り難い」という言葉が初めて登場するのは、「法句経《ほっくきょう》（ダンマパダ）」。仏教の基本中の基本となる初期経典です。

その大切な経典の中で、お釈迦様はこう説かれています。

「この世に、人間の体で無事生まれるのはむずかしいことだ。死を目前にした人は、さらなる寿命があるとは言い難い。そんな人生で、生きている間に仏教と出会い、その教えに触れられるのは、とてつもなくむずかしいことなのだ」

ご先祖様がたった一人でも欠けていれば、私たちは、生を受けることはできませんでした。まず、この世に生まれたこと自体、奇跡です。そして、いつ降りかかるともしれない災難を逃れて、今まで無事に生きられたのは、さらなる奇跡の連続があったからこそです。

その上、仏教の教えと出会えたことは、本当に奇跡的なことなのです。

それがどれだけ「有り難い」、つまり「有るのが難しい」ことなのか。お釈迦様は、次のようなたとえ話を残しています。

１００年に一度だけ海面に浮かび上がって、息をする盲目《もうもく》の亀がいる。その盲《もう》亀《き》が海面に顔を出す時、ちょうど大海原を漂ってきた穴の空いた流木と出会い、その穴に頭を入れることと同じくらいむずかしいことなのだ、と。

人生には、いろいろな困難があります。人間関係に疲れ果てる日もあれば、物事が思い通りに進まず苛立《いらだ》つ日もあります。

しかし、私たちはこうやって生きる機会を与えられ、仏の教えを学ぶ縁を結ぶことができている。それが、どれだけ有り難いかということに気づけば、あなたを取り巻くあらゆる出来事に感謝できるのではないでしょうか。

これからの人生で、何回「有り難い」と感謝できるか。

その回数が、人生の質を決めると言っても過言ではないでしょう。

お陰様

おかげさま

陰にいて護《まも》ってくれる存在

最近あなたは、「お陰様」という言葉をいつ使いましたか？

今は、インターネットで注文すればなんでも手に入り、コンビニでカードをかざせば、すぐにピッと決済されて買い物ができます。

誰とも会話することなく、手軽にものが買える時代、私たちが一番忘れているのは、「お陰様」という感謝の気持ちかもしれません。

確かに、お金さえあればどんなものでも買うことはできます。

しかし、毎日何気なく食べている野菜や果物、肉や魚は、天から降ってきたわけではありません。それらを作って加工し、運んで売ってくれている大勢の人の力が結集して、私たちの元に届いています。

さらに言えば、自然の恵みがあるからこそ、私たち人間はそれらの食材を得ることができます。

食べ物だけではありません。身の回りにあるものすべて、多くの存在の「お陰様」で成り立っています。

そもそも、私たちが日々無事に暮らせていること自体、たくさんの存在に護られているということです。そのご加護に気づき、「お陰様」と感謝を捧げてきた先人の姿勢を、私たちも忘れてはいけません。

本来、「お陰様」とは、陰にいて護ってくれる存在のこと。つまり、私たちのご先祖様を指す言葉でした。

神仏はもちろん、ご先祖様をはじめとする多くの「お陰様」がいて、私たちが生かされている。日常の「当たり前」の背後には、たくさんの「お陰様」がある。

そう気づけば、孤独を感じることも、傲慢になることもないはずです。

「お陰様で、元気です」という言葉は、「多くの存在に護られているから、今、元気でいられます」という意味なのです。いい言葉だと、私は思います。

加護

かご

仏様が力を加え人々を助け護ること

「神仏から見放された」「神も仏もない」と絶望してしまうことが、あなたも今まで一度くらいはあったのではないでしょうか。

「あんなに頑張ったのに、願いが叶わなかった」

「あれほどつらい時に、なんの助けも得られなかった」

そんなふうに、これまでを振り返る人もいるかもしれません。

しかし、私たちは生まれてこのかた、意識するしないにかかわらず、神仏のご加護を常に受けてきています。

加護とは、仏様が慈悲の力を加え、私たちを助け護ることです。

友人や知人の華やかなＳＮＳの投稿を見て、自分だけが取り残されているような孤独感を覚える時も、夢破れてうなだれている時も、あなたは、自分を超えた大きな存在に支えられています。

今すぐうなずけないのであれば、ご自身の体を見てみてください。

心臓は、あなたがこの世に誕生して以来、365日24時間動き続けてくれています。自分で心臓に「動け」と命令したわけではないのに、休まず血液を送り出してくれているわけです。食事をすれば必要な栄養分が吸収され、日々自然に新陳代謝が行われていきます。

髪の毛一本、爪一枚ですら、私たち人間が、自分で作り出すことはできません。目には見えない大きな力、たくさんの存在に護られているからこそ、私たちは毎朝目覚め、動き、食べ、寝ることができるのです。

そのご加護に気づけば、大きな安心があなたに訪れるはずです。

ただし、願いを叶えるご加護の力は、身勝手な人間のためにあるのではありません。仏様が手を差し伸べたいと思うのは、生かされていることへの感謝を忘れず、自分を信じて日々努力している人なのです。

供養

くよう

尊敬する人に感謝の意を表す行為

供養というと、現代では、亡き人の霊を慰《なぐさ》める儀式や、供物《くもつ》をお供えすることですね。

サンスクリット語では、「尊敬」「崇拝《すうはい》」という意味で、自分の尊敬する人に対して、実際に、何かをして差し上げるのが本来の供養でした。

そういう意味では、「有り難い」「お陰様」という気持ちの先に、「相手に何かを返したい」と思う「供養」があると言えるでしょう。

自分の尊敬する相手であれば、当然、生きている相手に対しても感謝の気持ちを表したくなるものです。

今ではあまり聞かれなくなりましたが、以前は、目上の人や敬意を払いたい相手に対して食事をご馳走《ちそう》することも、供養と呼んでいました。「今日は、ご供養させてください」、「供養の食事を用意しています」などと、よく言ったものです。

お盆や命日、お彼岸などに先祖供養をすれば、故人はもとより、私たちの心も癒《いや》されます。ご先祖様のお陰で命をいただき、人生を享受《きょうじゅ》できる。そのことに感謝し、日々の大切さに改めて気づけるのです。

また日本には、針供養や人形供養、家畜や魚介類、虫に対する供養など、人間以外を対象にした供養の行事もあります。自分たちの関わる森羅万象《しんらばんしょう》の中に、神や仏を見出《みいだ》す日本人ならではの尊い風習です。

昨今の片づけブームで、衣服や本、食器などの持ち物を大量に処分する人も増えました。その品々は、一見ゴミに見えるかもしれません。

しかし、不用品となるまでは、あなたの生活を支え、彩ってくれたものたちです。「もう要らない」とポイ捨てするのではなく、感謝と供養の気持ちを持って、手放してみてはいかがでしょうか。

慈悲
じひ

喜びを与え、苦しみを取り除くこと

「あの人は菩薩のようだ」「観音様のように優しい」と言われる人がいます。そのような人たちには、慈悲の心があふれているのでしょう。

慈悲とは、相手を慈しみ、さらに、相手と同じ立場に立って、悲しみや苦しみから救うために寄り添い、安らかさをもたらすことを言います。

慈悲深い神仏といえば、まず観音菩薩（観音様）が挙げられるでしょう。菩薩とは、本来であれば悟《さと》りを開き、彼岸《ひがん》（164ページ）に渡れる存在ですが、私たち人間を悲しみや苦しみから救うために、この世に残ってくださっています。観音菩薩の他に、地蔵菩薩、文殊《もんじゅ》菩薩などがいらっしゃいます。

観音様は、33の姿に変化《へんげ》し、時には、他の神仏や王族、僧侶、老婆や童女、龍などに姿を変えるのだとか。

仏教では、33という数字は「たくさんの数」「無限」を表します。観音様は、その人の状況に応じて、さまざまな姿になり、救いの手を差し伸べて、安楽を与えてくださるのです。

これを「菩薩行」と言います。

菩薩行を実践できるのは、神仏だけではありません。日常の中で、慈悲の心を相手に向ければ、それが菩薩行になります。

たとえば、誰かが落ち込んでいる時に、表面的に励ますだけでなく、さらに一歩近づき、寄り添ってみるのです。

たとえば、どんな原因があり、何をすれば解決に向かうのかを一緒に考えてみる。相手の心をほぐす言葉をかける……。

この時、忘れてはならないのが、自分の働きかけが受け入れられたか否かにかかわらず、あたたかい眼差しを向け続けることです。

それが、本当の意味での慈悲の実践、菩薩行になります。

大丈夫《だいじょうぶ》

偉大な人。菩薩

この言葉は、体調を気遣ったり、相手を励ましたりする際に使われます。英語で言えば、「ノープロブレム」「セーフ」「ファイン」などが近いでしょうか。あなたもきっと、「体調は大丈夫？」「大丈夫だよ。頑張れ！」などと、日常の中で使っていることでしょう。

しかし、この「大丈夫」、仏教では別の意味を持っています。サンスクリット語では、「マハープルシャ」。マハーは「偉大な」、プルシャは「人間」。つまり、「偉大な人」という意味なのです。

のちに、それが転じて「菩薩」を表すようになりました。

菩薩は、先ほどお話ししたように、あえてこの世に残り修行を重ねています。

すべての人を救うまで彼岸には渡らないと、誓願を立てていらっしゃるそうです。本当であれば彼岸に渡れるのですが、人間を救うために残ってくださっているのですから、偉大としか言いようがありません。

では、どのように救ってくださるのかというと、私たちが真理の道を歩いていけるよう、教え導いているのです。

真理の道とは何でしょうか。それは、損得や名誉にこだわらず、自分にとって本当に大事なものを見極めて生きていくことです。

私たちは、つい「自分にとって、得な道はどちらか」「人から褒《ほ》められ認められるには、どうしたらいいのか」、そんな基準で行動してしまいがちです。

しかし、それではいつまでたっても、心穏やかな日々は訪れません。

自分が心から大切にしたいものに気づけば、人との比較や欲から自由になれます。

その時、精神的な負荷やプレッシャーから解き放たれて「大丈夫」になり、やがては、菩薩のように慈悲深く、偉大な人になれるのです。

他力本願

たりきほんがん

阿弥陀《あみだ》如来《にょらい》に導かれること

他力本願と聞くと、人任せの無責任な行為だと思ってはいないでしょうか。

確かに、この言葉は、「そんな考えは、他力本願だ」「もう、こうなったら他力本願しかない」と、他人をあてにする消極的な意味で使われます。

ですから、そのようなイメージを持っていても仕方ないかもしれません。

しかし、そうだとしたら、今日からそのイメージを刷新《さっしん》しましょう。

本来、「他力」とは、他人の力のことではありません。阿弥陀様（阿弥陀如来）が人々を救おうとする願いの力を指します。

阿弥陀様は、私たちがこの世を旅立つ時に迎えに来て、彼岸（西方浄土《さいほうじょうど》）に連れて行ってくださる仏様です。

浄土宗や浄土真宗などでは、亡くなった人を弔《とむら》う時やピンチの時に、「南無阿《なむあ》弥陀仏《みだぶつ》」とお念仏を唱えますが、これは、阿弥陀様の力をお借りしたいと願っているのです。

人生の最後において、自分の力を超えた存在に導いてもらう。これが、本来の意味での他力本願です。末法思想が流行った平安中期から鎌倉時代以後に広まった浄土宗の思想です。

その一方で、「自力本願」という言葉もあります。

これは、神仏に救ってもらうのではなく、自分自身が修行を重ねて、自力で彼岸の境地（悟り）まで至ることで、曹洞宗をはじめとする禅宗の思想です。

両者に、優劣《ゆうれつ》や良し悪しがあるわけではありません。

自らの力で、できる限りのことをした上で、あとは大いなる存在に自分自身をゆだねるのです。そうすると、そこに人間のあずかり知らぬ力が働くと言えるでしょう。

それが、本来の「他力本願」なのです。

頂戴

ちょうだい

大事な物を頭頂部にのせ敬意を表す

最近、「ありがとうございます」と言うべき時に、「あざっす」と略す人をたまに見かけます。きちんと言うのが面倒なのか。それとも、忙《いそが》しいのか。理由はわかりませんが、感謝を伝えたいという気持ちは、とりあえず、あるのでしょう。

しかし、同じ「ありがとう」でも、上の空でぶっきら棒に言うのと、丁寧に心から感謝を表すのとでは、相手に伝わる意味がまったく異なります。

本当に気持ちを伝えたいと思ったら、まず形から入る。つまり、動作と振る舞いで、自分の思いを表すことが肝心です。

「頂戴」は、頭頂部、つまり、頭のてっぺんまで、大切なものを持ち上げて敬意を表す動作です。

我々禅僧は、そのようにして袈裟《けさ》や経典を押し頂き、ありがたく使わせて頂いている感謝を表します。また禅寺では、食事をする際にも、食べ物に対する感謝を込めて、応量器《おうりようき》（修行僧の食器）を額《ひたい》のあたりまで持ち上げるのが作法です。

いくら、心の中で感謝の気持ちを持ち、敬意を払っていても、日頃の振る舞いがそれに対応していなければ、相手には伝わりません。

形と心は相関関係にある。動作や振る舞いは、その人の精神を如実《によじつ》に表すのです。

「威儀即仏法《いぎそくぶつぽう》」という禅語があります。「きちんとした立ち居振る舞いをすることが、そのまま仏教の教えである」と伝える言葉です。

禅から生まれた華道や茶道でも、まず形から入り、その後、精神性を学んでいきます。

もしあなたに、伝えたい思いがあるとしたら、あるいは、「こんなふうに自分を見てほしい」と思っている自分像があるとしたら、まずは、その思いに合わせた立ち居振る舞いに変えるところから始めてみましょう。

老婆心

ろうばしん

相手に合わせて丁寧に教え導くこと

「老婆心だけど、一言いい？」と前置きされると、誰でも「何を言われるのだろう」と身構えてしまうものです。

案の定、そういった場合の忠告は、「そのファッションは職場で浮いてるよ」とか「あの人は意地悪だから、気をつけた方がいい」など、たいていは単なるおせっかいに過ぎません。

「言われなくても、わかってます」「私の勝手でしょ」と、相手に言い返したくなった。あるいは、実際に言って険悪《けんあく》な雰囲気になった。そんな経験もあるのではないでしょうか。

しかし禅宗では、老婆心は「老婆心切《しんせつ》」とも言い、良い意味で使います。

老婆が、幼い子どもに手取り足取りいろんなことを教えてあげるように、師匠が弟子の個性や習熟度に合わせて、丁寧に教え導くこと。

人に合わせて細やかな配慮をして、親切に教えることを指すのです。

今では、親切が行き過ぎておせっかいを表す言葉になっていますが、相手に関心を持ち、その状態に合わせて臨機応変に対応をすることは、教え導く際だけでなく、コミュニケーションの基本と言えるでしょう。

以前、こんな話を聞きました。知人が多人数の集まりに行く際のお土産にしようと、ドーナツ店に行き、ドーナツ50個を注文したそうです。すると店員に、「店内でお召し上がりですか」と聞かれて呆《あき》れてしまったとか。

マニュアルは、作業を標準化するには便利です。

しかし、そればかりに頼っていると、自分の目で相手を見て、お互いに心を通わせる人間味あふれた交流が失われるかもしれません。

マニュアル化が進む現代だからこそ、適度な老婆心が必要なのかもしれませんね。

Part 3

心

安心

あんじん

仏の教えによって得た安らぎの境地

インドから中国に禅を伝えたのは、達磨大師《だるまだいし》。縁起物のダルマのモデルになった禅の始祖です。達磨大師は、少林寺というお寺に籠《こも》り、壁に向かって9年間も坐禅《ざぜん》して、悟りを開いたと言われています。

その修行から、達磨大師は何を得たのでしょうか。

それは、「安心」です。仏教では、「あんじん」と呼びます。仏様の教えによって心の安らぎを得て、動揺がなくなることを指します。

将来への不安も失敗への怖《おそ》れも何もない、大きな安心感。

これを「大安心《だいあんじん》」と言いますが、達磨大師は、揺るぎない心の安定と安らぎを、坐禅によって得ることができたのです。

さてある時、弟子の慧可《えか》が、「私は不安でどうしようもありません。どうか、この不安を取り除いて頂けないでしょうか」と、達磨大師に頼みました。すると大師は、こう答えたそうです。

「よしよし、それは簡単なことだ。ここに、その不安とやらを出してみなさい。そうすれば、安心させてあげよう」

これを聞いた慧可は、自分自身が不安を作り出しているだけで、不安そのものには実態がないと、即座《そくざ》に気づいたとか。

不安や怖れは、まだ来ぬ未来や、起きていないトラブルについて考えている時に生まれます。つまり、自分で勝手に想像を膨らませ、怖れたり心配したりしているだけなのです。

今やるべきこと、目の前のことに集中しましょう。そうすれば、不安や心配が心を占領する暇はありません。

どっしりとしたダルマさんを想像してみてください。「案ずるな。安心しろ」と諭《さと》しているようではありませんか？

意地
いじ

あらゆるものの根源

「あなたは意地っ張りだ」。こう言われたら、誰でもムッとするでしょう。「意地汚い」「意地を通す」「意地悪」など、この言葉はマイナスの意味で使われることがほとんどです。

しかし意地とは、本来は「意識」と同じ意味なのです。

仏教では、意識は「あらゆるものの根源となる大地」のようなものだと考えます。そこから「地」の文字を取り、意識を「意地」と言うようになりました。

なぜ、意識（意地）がすべての根源となるのでしょう。

それは、人間には、６番目の感覚器官である「意識」があり、五感（視覚、聴覚、嗅覚、触覚、味覚）をまとめて把握すると、考えるからです。

五感でとらえた感覚を「意識」が判断し、次の行為を生む。このように、仏教では考えるのです。

言い換えれば、「私」という存在を支配し、すべてのものを成立させる根源になるものが、意識であり、意地なのです。

その意地は、鏡のようなものだと思ってください。

欲や自我のフィルターがかかると、鏡が曇ります。すると、正しい判断ができません。意識を自分の中心において考えるので、「自己中」になり、損得勘定や我欲に振り回されてしまいます。

当然、「意地悪だね」とか「意地っ張り」などと言われます。

そうならないためには、どうすればよいか。

常に、心をきれいに保ち、清浄無垢《せいじょうむく》な状態に保ちましょう。そうすれば、正しい判断ができるようになります。

意地には、「気立て」「心根」という意味もあります。「気立てのいい人」「心根の優しい人」になるために、意地のフィルターをせっせとクリアにしましょう。

葛藤

かっとう

煩悩にまみれて迷い悩むこと

人間にとって、心に葛藤を抱えている状態は苦しいものです。

本音をビシッと言いたいのですが、嫌われるのが怖くて何も言えない。

仕事をしなければならないと頭ではわかっているのですが、ゲームが楽しくてやめられない。そんな時、私たちの心は、激しく葛藤します。

葛藤のない人生を生きられたら、どんなに楽でしょう。

この言葉は、人同士がお互いに譲り合わず対立する際にも使われますが、その語源は、葛《かずら》や藤《ふじ》のツルが絡《から》まる様子から来ています。

ツルが絡みつき、もつれてしまうところから、煩悩にまみれて迷い悩むことを、仏教では葛藤と呼ぶのです。

煩悩とは、人を悩ます「毒」です。貪《とん》（貪り）、瞋《じん》（怒り）、痴《ち》（愚かさ）の三つを、仏教では「三毒《さんどく》」と言います。

本物の毒は命を奪いますが、三毒は、心の健やかさを奪います。

葛や藤の花が美しいように、本来は、私たちの心も美しいのです。しかし、煩悩に支配されると、その美しさが損なわれてしまいます。

「葛藤ばかりの私の心は、煩悩でいっぱいだ……」と落ち込むかもしれませんが、安心してください。人間ならば、誰でも煩悩を持っているものです。

残念ですが、人間である限り、煩悩を消すことはできません。しかし、薄くすることはできます。それも、今日から始められます。

どうすればいいかというと、規則正しい生活をするのです。

禅寺では、起床から就寝まで、毎日決まった時間割で動いています。やるべきことが決まっていますから、迷いや怒りが入り込む隙《すき》はありません。

葛藤をなくしたいのであれば、１日のスケジュールを見直すところから始めてみましょう。

我慢

がまん

我《が》にとらわれ傲慢《ごうまん》になること

一般的に「我慢」といえば、何かに耐えたり、欲望をこらえたりすることを指します。日本人にとっては、我慢は美徳というイメージも強いかもしれません。

しかし、仏教での「我慢」は、辛抱《しんぼう》することではありません。

どちらかといえば、「上から目線」という言葉が意味的には近いでしょう。

我慢の「我」は、自分に執着すること。「慢」は、思い上がって他人を軽視すること。

この二つが合わさり、「自分が人より偉いと奢《おご》り、相手を見下すこと」を、仏教では、我慢と言うのです。

「我」は、無理やり押さえつけても、反対に、暴走させてもいけません。

禅の考え方では、「無我」(74ページ) の境地が理想とされます。

と言っても、自分を消し去ってしまうわけではないので、誤解なきよう。

臨機応変に形を変えながら、何ものにもとらわれない自由な境地。自分という存在をきちんと確認しながらも、どんな状況にも対応できるような状態でいること。それが、「無我」です。


無我のイメージが湧かなければ、空に浮かぶ雲を思い描いてください。

雲は、南から風が吹けば北に、西から風が吹けば東に、スーッと流れていきます。また、風の動きに合わせて、変幻自在に形を変えます。

しかし、どこに向かおうと、どんな形になろうと、雲が雲であることに変わりはありません。雲が、その本質を失うことはありません。

雲のような生き方をすれば、「我」という「カド」が少しずつ減っていきます。

そうすると、どんな状況も淡々《たんたん》と受け入れ、それでいて自分らしさを失わない。そんなあり方が可能になります。

その時、不要な辛抱も、他者への奢りも、一切なくなるのです。

堪忍

かんにん

我慢しがたい苦しみに堪《た》えること

身もフタもない話をします。

仏教では、生きることは「苦」そのものだと考えます。

どんなに若さや栄華を誇《ほこ》っても、人はいつか老い、病んで死んでいく。愛する人と別れたり、欲しいものが手に入らない苦しみがある。まさに、人生とは思い通りにならないもの。四苦八苦の連続だ。お釈迦様は、そう悟ったのです。

どうでしょう。「せっかく生まれてきたのに、人生が苦しみばかりなんて、がっかり！」と思うかもしれませんね。

でもお釈迦様は、苦の原因を知り、悟りへと導く方法（四諦《したい》）も合わせて説いているので、安心してください（１６８ページ）。

ただし、苦である世界を生きていく上では、必ず「堪忍《かんにん》」、堪えて忍ぶことが必要になります。

我慢できそうにないことを我慢することが、本来の意味での「堪忍」です。

人々を救うためにこの世に残っている菩薩にとっても、「堪忍の境地に至ること」が、修行のひとつなのだとか。あの慈悲深い菩薩でさえ修行する必要があるほど、堪忍するのは簡単ではないのです。

と言っても、単に「じっとこらえて待て」と言っているわけではありません。

曹洞宗の開祖である道元禅師は、私たちにこう教えています。

生きている時は「生きること」になりきり、死ぬ時には「死」になりきれ、と。

わかりやすく言えば、その時々で自分に巡ってきた状況から逃げず、必死になって生き切ろうとすることが大事だと教えているのです。

谷が深ければ深いほど、山頂に登った時の感動はひとしおです。実際、人生は悪い時ばかりではありません。つらいことの後には、必ず嬉しい出来事がやってきます。それを知っていれば、堪忍もむずかしいことではなくなるでしょう。

機嫌

きげん

世間から非難され、疑われること

さて、あなたは今日、ご機嫌いかがでしょうか。

いつもご機嫌でいられれば、それだけで人生は幸せですね。しかし、ともすると私たちはすぐ機嫌を損ね、「ご機嫌斜め」になりがちです。

なぜ、いつも上機嫌でいられないのでしょう。ちょっと考えてみてください。

その原因の多くは、人間関係にあると私は思います。

たとえば、「あの人の言動にはムカつく」「なぜ、私の気持ちをわかってくれないのだろう」と、相手の態度に苛《いら》ついたり一喜《いっき》一憂《いちゆう》したり、私たちの機嫌は他人によって、大きく左右されます。

このように、「機嫌」は、今では気分や体調を表す言葉ですが、元来、機嫌の

「機」という字は、言偏《ごんべん》に幾《いく》で「譏《そし》る」（非難する）。「嫌」は疑うという意味です。

経典にも「譏嫌」と記され、お釈迦様は、僧侶が世間から非難されたり疑われたりしないための戒律《かいりつ》を定めました。

僧侶は、人々の模範《もはん》となるために、他人から尊敬されるような智慧《ちえ》のある言動をとるように、とお釈迦様は説いたのです。

智慧のある行動とは、他者との関わりを絶って修行したり、逆に、人に気に入られようと、相手の顔色を窺《うかが》ったりすることではありません。

世の中は、自分だけではなく、人や物との関係の中で成り立っていると理解すること。そして、他者との関わりに感謝しながら生きることが大事なのです。

他者との関係の上に自分が成り立つという信念と慈しみの心を持ち、自分自身を律して、謙虚《けんきょ》に生きる。これも、「機嫌」から学べることなのです。

他人を批判したりなじったりすることは簡単です。しかし、必要のない存在はこの世にありません。その人がいるからこそ、あなたという存在が成り立っています。いつもご機嫌に過ごすために、この視点を忘れないでいましょう。

信心　しんじん

真実の目覚めを伴った信じる心

「イワシの頭も信心から」ということわざを、ご存じの方は多いと思います。「どんなにつまらないものでも、心から信じればありがたく思える」といった意味ですが、そもそも、信じること、信じる心とはどのようなものでしょうか。

「信じる」と一口に言っても、場面によって、その性質は大きく異なります。

たとえば、心の奥底では、恋人の心が離れたのではないかと疑っているのに、真実を知るのが怖いから相手を信じ続けているとしたら、それは自分の心に嘘をついていることになります。

また、特定の人の言動を鵜呑《うの》みにして、まったく自分自身で吟味《ぎんみ》せずに信じるのは、信心ではなく「妄信《もうしん》」です。

さらに、自分では努力せず、神仏にお願いすれば幸せになれると信じるのは、単なるご都合主義に過ぎません。

仏教では、信心とは「真実の目覚めを伴った信じる心」のことを指します。真実の目覚めとは、自らお釈迦様の教えを学び、実践していきたいと願うことから始まります。

しかし、初めからそこまでの覚悟がなくても問題ありません。

禅では、「一掃除、二信心」と言います。また、「一掃除、二看経《かんきん》」とも言われます。

それぞれ、「掃除をして心を清めてからでないと信心は始まらない」「掃除で場をきれいにしてから、お経をあげよ」といった意味です。

生きていれば、心にもチリや埃《ほこり》が溜まります。ですから、禅寺では、掃除によって、まずは自分のいる場所を整え、徹底的に磨き上げることが、大切な修行のひとつです。掃除によって自分の心も磨き上げる。信心は、そこから始まります。

これなら、あなたも今日から実践できるのではないでしょうか。

退屈《たいくつ》

精進努力する心を失うこと

最近、「退屈だなあ」と思う場面はありましたか？

取り立ててやることがなく時間を持て余してしまったり、せっかく出かけた集まりで興味のもてない話題ばかりだったり、期待して観に行った映画が怖ろしいほどつまらなかったり……。

そんな時に、私たちは退屈だと感じます。退屈だと、もっと楽しみたい、もっとワクワクする刺激が欲しい。そう思うのが、私たち人間の性質ですが、別の刺激があれば、退屈さは一瞬で消えていきます。

しかし、仏教における「退屈」は、もう少し深刻です。その意味は「修行の苦しさに負け、精進努力する心を失うこと」ですから。

「退屈」が起きる原因は、三つあると言われています。

一つは、悟りを求めるのは果てしないと気づくこと。

二つめは、お布施をするのは大変だと知ること。三つめが、悟りによって何が得られるかを知るのはむずかしいと気づくことです。

では、これらの原因を取り除くにはどうすればいいかというと、考えるまでもありません。修行です。

ただし、禅僧の修行は非常に厳しいものです。私の修行時代も、心身共に過酷《かこく》な毎日でした。ですから、一緒に修行を続けていく仲間が必要なのです。

一人では絶対にできないことでも、仲間がいるからこそ自分を奮《ふる》い立たせて頑張れます。お互いに切磋《せっさ》琢磨《たくま》しながら、成長していけます。

一時代を築いたアスリートたちが、ライバルや仲間の存在があったから自分は頑張れたと、口を揃《そろ》えて言うのもうなずける話です。

道は違っても構いません。お互いに尊敬し合いながら、励まし合いながら進める仲間がいれば、退屈する暇《ひま》はないでしょう。

無我

むが

何ものにもとらわれない境地

「無我夢中」という言葉があります。どんなことでも、我を忘れて夢中になって取り組めば、なにがしかの結果が出るものです。

我にとらわれていると、執着《しゅうちゃく》や迷い、不安から抜け出せず、思うような成果も得られません。

「これをやれば、成功するだろうか」「あの道の方が簡単だったのではないか」「自分にこれができるだろうか」と、いつまでも本気になれず、実力を発揮できないからです。捨て身になってぶつかるからこそ、思わぬ力が発揮でき、ご先祖様や神仏のご加護も得られるのです。

では、我を忘れてしまうことが「無我」かと言えば、そうではありません。

自分という存在は保ちつつ、何ものにもとらわれない境地が、無我の意味するところです。

しかし、その自分という存在も、絶対的なものではないのです。

「いや、私はちゃんとここにいる」と思うかもしれませんが、仏教では、「私」という存在は、あらゆるものとの関係性の上に成り立っていると考えます。

ですから、周囲との関係性によって、常に自分も変化する。このように、自分という存在を捉えているのです。

たとえば、今あなたがどんなに忙しくても、あるいは、逆にどれほど暇だったとしても、環境が変われば、状況は一変する可能性があります。

また現在、あなたが財産や地位や権力を持っていたとしても、時代は刻々と変化していますから、それは「仮の姿」でしかありません。

結局、自分とは、他者との関係の上でいかようにも変わっていくのです。

それが理解できれば、自我にとらわれて「私が、私が」と言うのは、バカバカしい行為だと気づけるはずです。

油断

ゆだん

油を切らすこと

油断してもよいなどと思っている人は、誰もいないでしょう。

しかし人間は、つい油断してしまう生き物です。

「あの時、もう少し気をつけていれば」「あそこで、あと1回確認しておけば」といくら後悔《こうかい》しても、起きた出来事は変えられません。

あなたも油断して失《な》くし物をしたり、ケガをしたりしたことがあるかもしれませんね。多くの先人たちが、あなたと同じように失敗してきたからこそ、「油断大敵」「油断禁物」と、昔から戒《いまし》められているのでしょう。

油断は「油を断つ」と書きます。時代をさかのぼれば、油は現代よりもっと高価で、貴重品でした。ですから、一滴もこぼさないように大切に扱いました。

経典に、こんなエピソードが残されています。

気性の荒いインドの王様が、油の入った鉢《はち》を持ち運ぶ家臣《かしん》に向かって、「一滴でもこぼしたら、首をはねるぞ」と言い、刀を持った別の家臣を後ろにつけて歩かせたというのです。

運良く、その家臣は油をこぼすことなく運べたそうですが、なんとも気の毒な話です。

お寺には、ご本尊の前の灯明《とうみょう》や常夜灯を、一晩中灯《とも》すという習慣があります。僧侶は、その燃料となる油を絶やさないよう、文字通り油断せず、常に注意しておかねばなりません。

ですが、人間の集中力は、長く続かないものです。夜中になると、うつらうつらしてしまい、油が切れてしまった。そんなこともしばしば起きたようです。

油断は、慢心から起こります。「いつもやっていることだから大丈夫」「自分にはこれくらい簡単だ」。ふと、そう思ったら要注意。常に新鮮な気持ちで物事に当たる姿勢を忘れないことが大切です。

Part 4

語呂

あまのじゃく

人間の煩悩の象徴

普段は無愛想な人が、特定の人といる時にだけ甘えた言動をとることを、「ツンデレ」と言うそうですね。

「ツンデレ」な性格は、おおむね好意的に受け取られているようです。しかしこのような人は、本当は相手を好きなのに、人前では、本心とは裏腹な行動をとっているわけですから、「あまのじゃく」な性格と言えるかもしれません。

あまのじゃくは、「天邪鬼」と書きます。いかつい顔をした四天王像や仁王像が、足元に小鬼を踏《ふ》みつけているのを見たことがないでしょうか。あれが、天邪鬼です。踏みつけられている天邪鬼は、人間の煩悩を表しています。

欲や執着などの煩悩のままに生きていると、人間は何をやるかわかりません。

それで、護法善神《ごほうぜんじん》（仏教の守護神）である四天王や仁王が、私たちの煩悩が暴れないように押さえつけているわけですね。

さて、私たちが「あの人は、あまのじゃくだ」と言う時、たいていは、「ひねくれ者だ」「素直でない」などといったニュアンスが含まれます。

どんなことに対しても、とりあえず反対意見を言う。本当はAだと思っているのに、Bだと言ってしまう。

このような立ち居振る舞いを続けていると、いつしか信用されなくなり、孤立してしまいます。「彼はあまのじゃくだから、この話からは外しておこう」などと敬遠されるのがオチです。

もちろん、なんでも同調すればいいというわけではありません。自分の意見をはっきり述べることは大事です。

ただし、そのためには、相手が納得できる理由を述べる必要があります。

また、周囲に対する敬意や気配りも忘れてはいけません。そのような謙虚な姿勢を忘れた時、心にあまのじゃくという小鬼がやってくるのです。

いろは歌

仏教の真理が凝縮された歌

日本人であれば、きっと誰もが一度は「いろは歌」を聞いたことがあるでしょう。もし全部聞いたことがないとしても、「いろはにほへとちりぬるを」という言葉は知っているはずです。また、子どもの頃には、いろはカルタで遊んだことがあるかもしれません。

この「いろは歌」を作ったのは、空海（弘法大師《こうぼうだいし》）だという説があります。同じ文字を繰り返さず、すべての仮名を使ってひとつの歌を作ったのですから、素晴らしい才能ですね。

実は、いろは歌の内容は、次に挙げる仏教の真理を見事に言い表しています。

諸行無常《しょぎょうむじょう》（この世のすべてのものは移り変わる）

是生滅法《ぜしょうめっぽう》（生あるものは必ず滅びる）
生滅滅已《しょうめつめつい》（生死の世界を離れ悟りの世界に入る）
寂滅為楽《じゃくめついらく》（涅槃《ねはん》に至り安楽を得る）

簡単に言うと「この世は、とどまることなく変化し続けている。だからこそ、一瞬一瞬を全身全霊で生きていかなければならない」ということです。

それが仏教の考え方であり、いろは歌の教えなのです。

道元禅師は、この瞬間を生き切ることの大事さを「灰《はい》と薪《まき》」にたとえて説きました。私たちは、薪が燃えて灰になる様子を見て、「この灰は、元は薪だった」と考えます。しかし、そうではないのです。灰は灰、薪は薪以外の存在にはなりません。どちらも、完結した絶対の存在です。

同じように、「今」が過去や未来と続いていると考えるのは、幻想に過ぎません。「今この時」は、この瞬間だけにしか存在しない完結したものなのです。

日々そのことを忘れずに生きれば、自分なりに「やりきった」と思える悔いのない人生が送れます。それこそ、充実した最高の生き方だと私は思います。

うろうろ

煩悩に振り回されている状態

「うろ」は、漢字で「有漏」と書きます。「漏」は煩悩を意味するので、「煩悩がある状態」という意味です。

それが2つ重なるのですから、「うろうろ」するのは、煩悩に振り回されて心が定まらず、右往左往している状態です。

どんなことをやるにしても、自分自身が「これをやる」と心を決めて取り組まなければ、物事はうまくいきません。

いったん「これがいいかな」と思ってやり始めても、「あの方法も良さそうだ」「やっぱりこのゴールを目指すのは間違いかもしれない」などと迷っていると、どんなに時間をかけても成果を得るのはむずかしいでしょう。

困ったことに、ネット社会の現代は、うろうろしやすい状況が整っています。たとえば、ダイエットをしようと思えば、指をサッと動かすだけで、スマホでありとあらゆるダイエット法を知ることができます。

すると選択肢が多すぎて、結局はうろうろするだけで終わってしまう場合が多いのです。

どのダイエット法も魅力的で、「これもいいな」「あれもよさそう」と決めきれず、結局、情報だけ集めて満足して、実行に移さなかった。

あるいは、最初に取り組んでいた方法よりも、他の方法が効果が高いような気がして、次から次へといろんなダイエット法を試した挙句《あげく》、結果が出ずに諦《あきら》めてしまった。

そんな話をよく聞きます。

人間は、簡単にすぐできて、楽な方法に惹《ひ》かれてしまうものです。

しかし本当は逆で、結果を得るためには、一定期間、努力しなければなりません。このことを肝《きも》に銘じていれば、うろうろして失敗することはなくなります。

がたぴし

自分と他者を比較すること

木造建築の多かった昔は、「このフスマはがたぴしするね」とか「窓ががたぴしして開かない」など、日常生活でよく言われました。

今では、建物に対してこの言葉を使うことは少なくなりましたが、その代わり、人間関係の「がたぴし」は増えているように思います。

「がたぴし」とは、二つのものが軋《きし》みあってうまく動かない状態や、ぎこちなくがたついてしまう状態を指します。

漢字では、「我他彼此」（「がたひし」とも読む）。仏教では、「我」と「他」、「彼」と「此」を区別して見ることを「我他彼此の見《けん》」と言います。

自分と他者を区別して見るのは、当然のことと思うかもしれません。

しかし、仏教では好ましくないあり方だとされています。物事や自分自身に執着せず、「我」から自由になることが、修行の目的だからです。

対人関係においても、自分と他者を区別して考えると、そこに損得勘定が生まれます。また、優越感や劣等感《れっとうかん》も生じます。それが、「がたぴし」の原因となっていきます。

特に問題なのが、自分を人と比較してしまうことです。

「彼より勝っている自分はすごい」とうぬぼれたり、「あの人に比べて自分は劣《おと》っている」と卑屈《ひくつ》になったり……。

そんな感情は、知らず知らずのうちに態度に表れ、お互いの関係に反映されます。人と自分を比べることで、相手と歯車がうまく噛《か》み合《あ》わなくなるのです。

では、どうすれば他者との比較をやめられるのでしょうか。

まず、自分自身のいいところを認めましょう。そうすれば、自然に相手のいいところを認められます。自分への敬意、相手への敬意が潤滑油《じゅんかつゆ》となって、人間関係のぎこちなさをスムーズに解消してくれるのです。

がむしゃら

自分の欲だけを満たそうとする心

目標に向かってがむしゃらに頑張っている人を、あなたはどう思いますか？「一生懸命努力できるのはすごいことだ」と思うでしょうか。あるいは、「そんなに脇目《わきめ》も振らず突き進んで大丈夫かな？」と心配になるでしょうか。

ひとつのことにのめり込んで、一心不乱に力を注ぐのは大事なことです。

しかしどんな物事にも、いい面と悪い面があります。

「がむしゃら」も度が過ぎると、周囲の状況を客観的に見られず軋轢《あつれき》が生じたり、無理がたたって体調を崩したりする可能性があります。

がむしゃらに似た言葉に、「一意《いちい》専心《せんしん》」という言葉があります。心を一点に集中させて、ひとつのことに専念するという意味です。

「がむしゃら」と「一意専心」。両者の違いが何かと言えば、がむしゃらには、「私がやるんだ」「私だけが結果を出すんだ」という我欲がある点。そして、「何がなんでもやってやる」という執着心がある点でしょう。

一方「一意専心」は、淡々と目の前のことに全力を尽くす姿勢を表します。

がむしゃらは、「我武者羅」と書きます。その由来は、「我が強い武者＋接尾語の羅」とも、仏教語の「我貪《がむさぼり》」から来るとも言われています。

貪りは、心をむしばんでしまう貪《とん》・瞋《じん》・痴《ち》の三毒のひとつ。

我貪は、「自分の欲を満たせば、あとはどうでもいい」という身勝手な心だと言えるでしょう。

この世では、生きとし生けるもののすべてがお互いに関係し合い、支え合っています。ですから、「とにかく自分がよければいい」というがむしゃらな生き方をしていると、どうしてもひずみが生じます。

猪突猛進《ちょとつもうしん》しそうになったら、自分だけがいいと思っていないか、自分を客観的に見られているか、そんな視点を養いましょう。

ごたごた

話がむずかしく面倒な和尚《おしょう》が語源

周囲にトラブルやいざこざがあると、何かと落ち着かないものです。つい自分もイライラして仕事が手につかなくなったり、苦言《くげん》を呈《てい》したくなったりしてしまうでしょう。

でも、そういう時、むやみに騒《さわ》いでもいい結果にはつながりません。得策をお教えしましょう。それは、軽率に動かず、静観することです。

対照的な2人の僧侶を例に、その理由をお話しします。

鎌倉時代、中国の情勢が混乱して宋《そう》が元《げん》に変わったころに、招かれて渡来した僧がいました。「兀庵普寧《ごつたんふねい》」という名前で、来日後は北条時頼の要請を受けて、鎌倉にある建長寺《けんちょうじ》の2代目住職を務めました。

ところが、この兀庵和尚は、結局、日本に6年しかいませんでした。時頼の死後、良き理解者に恵まれなかったことが、帰国の理由だそうです。

さらに、兀庵和尚の話はとてもむずかしい上に、常に問題の渦中《かちゅう》にいるような人だったそうです。それで面倒な出来事が起きると「兀庵和尚のようだ」と言うようになり、そこから「ごたごた」と言うようになったと伝えられています。

一方、同じ鎌倉にある円覚寺《えんがくじ》には、兀庵和尚と対照的な禅僧がいました。同じく、招かれて中国から渡来した円覚寺ご開山の「無学祖元《むがくそげん》」です。

この禅僧が中国にいた頃、寺に元軍が攻め込んできたことがあるそうです。ところが無学祖元は、平然として坐禅を組み、偈《げ》（経典の中で仏をたたえた詩）を言い放ったとか。無学祖元を斬り殺そうと寺に入った元軍の兵士たちは、その迫力ある姿にひるんで刀を納め、そのまま撤退《てったい》したそうです。

周りの状況がどんなものであっても、自分自身さえ信念を持ち、あわてず騒がず対処すれば、状況は自然に整っていきます。すべては自分次第。そう捉えていれば、どんなごたごたも平常心で乗り切れるでしょう。

しゃかりき

お釈迦様の力

しゃかりきになって働くのは、恰好《かっこう》悪い。最近、そう考える人が増えているような気がします。確かに、身を粉《こ》にして働きづめに働くのは、幸せな人生とはいえないでしょう。

ただ、しゃかりきの本来の意味は「しゃにむに頑張ること」ではありません。しゃかりきとは、文字通り「釈迦の力」。お釈迦様の力をいただくことであり、その生き方から学んで自分自身の力を発揮していくことです。

お釈迦様は、２５００年ほど前の実在の人物ですが、80歳で亡くなるまで各地を旅し、仏教の教えを説いて回りました。当時としては大変な長命です。

なぜ、お釈迦様がそれだけ長生きできたのでしょう。

ひとつは、食欲にまかせて暴飲暴食することなく、規則正しい生活を送ったからだと言えるでしょう。お釈迦様は、仏教を広めるという目的を成《な》し遂《と》げるため、命をつなぐ分だけの質素な食事したと伝えられています。

禅僧に、高齢になってもパワフルな人が多いのも、お釈迦様と同じような生活をしているからかもしれません。

曹洞宗の大本山のひとつである永平寺《えいへいじ》の七十八世宮崎奕保《えきほ》禅師は、106歳というご長寿でしたが、最後までかくしゃくとしていらっしゃったと言います。決められたことを決められた通りに愚直《ぐちょく》に行う。生きるということの真理を、体で感じ取りながら修行し続ける。このような生き方を貫いた禅師は、我々禅僧のひとつの理想の姿です。

宮崎禅師の他にも、90代で体力も記憶力も衰《おとろ》えず、また意欲も充実している禅師が多数いらっしゃいます。

人生の大先輩たちは、自分のやるべきことをコツコツと続けることが、「しゃかりきを生きる」ことだと教えてくれています。

しょっちゅう

初めから終わりまで常に善く

「終わりよければすべてよし」と言います。

しかしお釈迦様は、仏教の教えを説く際には、「初めも善く、中ごろも善く、終わりも善く」を目指せと弟子たちにおっしゃいました。

この教えは、別の経典では「初善、中善、後善」と説かれています。それが「初中後《しょちゅうご》」となり、のちに転じて「しょっちゅう」と発音されるようになったのです。

確かに、人間の心は移ろいやすいので、トップスピードでスタートしても、のちに中だるみになって、最後には手を抜いてしまう。逆に、なかなかエンジンがかからず、締め切り間際になって必死に頑張ってなんとか間に合わせる。そんなことも多々あるでしょう。

あなたの周りにも、習い事の道具をそろえて、やる気まんまんで始めたのに、数カ月後には飽《あ》きてしまったという人や、いつも月末になるとあわてて本気を出してノルマを達成するという人がいるのではないでしょうか。

あるいは、あなた自身がそういうタイプかもしれませんね。

しかし、人間であれば気分にムラがあるのは当たり前です。また、集中力はそんなに持続するものではありません。時には、疲れて休みたくなることがあって当然です。

「マラソン選手のような持久力があればいいのに」と思うかもしれませんが、彼らも最初から最後まで全力疾走《しっそう》しているわけではありません。

自分のタイムを定期的に見ながら、最大限の力を出し切ってゴールできるようにペース配分しています。

集中して取り組んだら、次は、きちんと休む。そのメリハリが、常にパフォーマンスのいい状態をキープできるコツなのです。

どうどうめぐり

お堂のまわりを何度も回り祈ること

悩み事があると、ついハマってしまう「どうどうめぐり」。一度始まったら、負のスパイラルに陥《おちい》り、なかなか抜けられませんね。

できれば避《さ》けたいものですが、仏教では、むしろよいこととされています。

この言葉は「堂々巡り」と書き、お堂のまわりを何度も回りながら祈ることなのです。

あまり知られていませんが、堂々巡りする際には、必ず右回りでお参りしていくという決まりがあります。

また私たち僧侶が、法要で本堂の中をぐるぐる回りながらお経をあげる際にも右回り。坐禅が終わり、体の向きを変えて立ち上がる際にも右回りです。

仏教の基本である右回りは、別の言葉で「順転《じゅんてん》」と言います。右回りは、天の摂理《せつり》、自然の道理に従った動きだからです。

たとえば、仏教の生まれたインドを含む北半球では、タンクの栓《せん》を抜くと右回りの渦《うず》を作って流れていきます。自然の摂理を表すわかりやすい一例です。

順転の反対は、「逆転」です。「逆転の発想」と言えば、あえて本来の道理とは逆の見方をして、常識とは違う考え方や見方をすることです。

仏教の教えを一言で言うなら、順転、つまり、自然の摂理に沿って生きるということに尽きるでしょう。

亡くなった人を北枕で寝かせるのも、北がもっとも磁力が強く、深い眠りに入れるからです。北枕には、「故人に安らかな眠りが訪れるように」という祈りが込められているのです。

頭の中がどうどうめぐりをしそうになったら、自然の摂理に合った生活を意識しましょう。太陽の光を浴びて、風の爽《さわ》やかさを感じ、自然の恵みに感謝しながら食事をとる。そんな暮らしが、きっと心の安定をもたらしてくれるはずです。

どっこいしょ

眼耳鼻舌身意の感覚をきれいにする

億劫《おっくう》だけど腰を上げなければならない時や、重いものを持ち上げようとする時、無意識のうちに、つい口から出てしまう「どっこいしょ」。

それもそのはず、これは、修験者《しゅげんじゃ》が修行で山に登る際、自分自身に言い聞かせるために唱え続けていた言葉です。

もともとは、なんと言っていたかというと、「六根清浄《ろっこんしょうじょう》」です。しかし山道を登りながらずっと唱えているのですから、当然疲れてきます。それで、だんだん省略されていき、いつしか「どっこいしょ」になったともいわれています。

六根とは、人間の持っている感覚器官、眼、耳、鼻、舌、身の五つに意識を加えた六つを言います。清浄は、きれいにすることです。

修験者たちは、「修行するために、この六根をいつでもきれいな状態に整えておきたい」という願いを込めて、ひたすらこの言葉を繰り返していたのです。

では、なぜ六根を清らかに保つ必要があるのでしょう。

六根は、私たちが世界を感知するための窓口です。この六根を通して、私たちは物事を考え、行動していきます。であるからこそ、いつもきれいにしておかなければならないのです。

さて、最近あなたは「どっこいしょ」と言いましたか？　もし言ったとすれば、あなたの六根は、その時どんな状態にあったでしょうか。

もしかすると、とても疲れていて五感が鈍っていたかもしれません。

あるいは、「ああ、面倒だな」と怠惰《たいだ》な意識が生まれていたかもしれません。

これからは、「どっこいしょ」と言いそうになったら、自分の六根をきれいにするサインだと思ってみてください。そして、「どっこいしょ」ではなく「六根清浄」と言い換えて意識してみてはいかがでしょう。

Part 5

状況

一大事《いちだいじ》

仏様がこの世に現れること

「人生の一大事」と言えば、受験や就職、結婚や出産、大病や大ケガをした時などでしょうか。いずれにしても、「一大事だ！」とあわてる非常事態は、一生のうちで何度も訪れるものではありませんね。

臨済宗《りんざいしゅう》の名僧、白隠《はくいん》禅師の師である正受老人《しょうじゅろうじん》は「一大事とは、今日只今の心なり」と言っています。

「今この瞬間を必死に生きること」が、人生でもっとも大事だと捉えるわけですから、人生は一大事の連続ということになります。

これと同じ意味で「一息《いっそく》を生きる」という言葉もあります。

一息前の瞬間はすでに過去であり、一息後の瞬間はまだ訪れていない。息を吸って吐《は》くそのわずかの時間にしか、私たちの命はない。

それが禅の考え方であり、禅的な生き方です。

なぜ禅でそのような生き方を目指すかというと、仏教における「一大事」を追求するためです。では、その一大事とは何か。

曹洞宗の経典、修証義《しゅしょうぎ》の冒頭には、「生《しょう》を明らめ、死を明らむる」こととあります。「明らむる」とは、明らかにするという意味。つまり仏教では、生きることや死ぬこととはどんなことかを追究する行為が、人生の一大事だと説くのです。

お釈迦様がこの世に生まれたのも、この一大事を明らかにするためでした。

我々僧侶は、一生をかけて「一大事」に取り組みます。ですが、忙しい皆さんは、「生きるとは」「死ぬとは」と、哲学的な思索《しさく》を巡らせてばかりもいられません。また、頭でいくら考えても、この一大事が明らかになるはずもありません。

であるからこそ、この一瞬を大切にして生きるのです。季節の変化を感じ取り、体を使って行動し、喜怒哀楽を味わいながら生きるのです。そうすると、人生にどんな一大事が起きても、動じることのない自分へと変わっていけるでしょう。

一味
いちみ

仏の教えは平等であること

仏教には、「一味の雨」という言葉があります。

もちろん、蕎麦《そば》やうどんにかけるとおいしい一味唐辛子の雨が降ってくるわけではありません。

草木に雨がまんべんなく降り注ぐように、生まれや性別、能力や地位に関係なく、仏教はどのような人にも行き渡るという意味です。つまり、どんな出自で、どんな境遇にあろうと一切問わず、仏の教えは差別なくもたらされるのです。

その根底には、人は皆、尊い仏性を持つかけがえのない平等な存在であるという考え方があります。

ただし、平等といっても、決して「横並び」のことではありません。

最近は、勝ち負けを競うのを避けるため、徒競走で手をつないでゴールする幼稚園が出てきていると聞きました。

しかし、勝ち負けに泣き笑いするのも大事な経験です。また、走りの得意な子、読み書きの得意な子、絵や歌の得意な子、それぞれの得意分野をお互いに認め合ってこそ、調和の取れた関係が生まれます。

本当の平等とは、それぞれの持つ能力を限りなく引き出せる環境を、全員に用意することです。全員が、秀《ひい》でた才能や独自の個性を発揮するのは抑《おさ》えて、苦手なことを克服し平均を目指すことではありません。

どんな人にも得手不得手があります。各自が得意なことを伸ばしていけば、それが誰かの役に立ち、世の中をよりよくしていくのです。

皆が自身の能力を出し切れるようなチャンスを作る。苦手なことは、お互いに補い合えるような関係を築く。

これが、今までとは一味《ひとあじ》違った平等な社会を築いていく土台になるのではないでしょうか。

大袈裟

おおげさ

僧侶が儀式でまとう大きな法衣

その昔、僧侶は皆、ゴミ捨て場や墓場から拾ってきた汚い布で作られた衣服を身にまとっていました。驚くかもしれませんが、本当です。

きれいに洗って汚れを落としても、糞《ふん》やチリにまみれていた頃の色は落ちず、布は黄土色や茶褐色《ちゃかっしょく》だったといいます。

お釈迦様の時代は、そんなボロ布をパッチワークのように継《つ》ぎ接《は》ぎした糞掃衣《ふんぞうえ》と呼ばれる袈裟が、一般的な僧侶のいでたちだったのです。

当時も、出家者に布施や寄付をする支援者は大勢いましたが、僧侶たちが質素な糞掃衣を着ていたのは、俗世への執着を断つという意味もあったようです。

しかし時代が進むにつれて、僧侶の着る袈裟は、染めや刺繍《ししゅう》などを施《ほどこ》されたきらびやかな布を何枚も継ぎ接ぎして作るようになりました。また、その大きさも次第に増していきました。

そのような袈裟は重く、また動きも制限されて実用的ではありません。そのため、主に、葬儀や法要などの儀式の際に使われるようになりました。

華美な袈裟を着た僧侶の大仰《おおぎょう》な姿から、必要以上に大きなものや見かけの派手なものを、「大袈裟」と言うようになりました。

確かに、見た目が立派であれば、それなりに威厳《いげん》や風格を醸《かも》し出すことはできます。交渉や取引の場などでは相手を威圧《いあつ》して、一瞬ひるませることはできるかもしれません。

しかし、見た目が威力を持つのは最初だけです。ものの10分もすれば、自分の内面が外側にあふれ出すでしょう。

自分を必要以上に良く見せようとすると、疲れてしまいます。

もっともよいのは見栄を張らず、身の丈にあった服装をして、本心から発言や行動をしていくこと。そして、自分自身の内面を充実させていくことです。

後生《ごしょう》

次に生まれ変わる人生、来世

大事な依頼をする際は、よく「後生だからお願い」と頼んだものです。

「後生」とは、次に生まれ変わる人生、来世のこと。正式には、「後生だから」とは「後生一生」という仏教の言葉から来ています。「今の人生と次の人生で、たった一度」の意味です。

つまり、2回の人生で一度だけのお願いだから聞いてほしいと、言っているわけです。そう考えると、気軽に使える言葉ではありませんね。

仏教の輪廻《りんね》思想では、今の人生を今生《こんじょう》、その前の人生を前生《ぜんしょう》と言います。そして、次に行く来世が後生です。

「生まれ変われるのなら、時間はたっぷりある」と安心してはいけません。

禅では、人生に存在するのは、「今この瞬間」だけと考えます。生は連続しているものではなく、一瞬一瞬で完結しているものなのです。ですから、「今この時」を生き切ることを、私たちは皆、心しておく必要があります。

頭で「なるほど」と理解できても、人間はすぐ忘れる生き物です。日々生活しているとつい気がゆるみ、油断してしまうので気をつけましょう。

あの名僧、白隠禅師でさえ、いったん悟りを開いたものの、慢心してしまったそうです。教えを請《こ》いに行った正受老人にそれを見抜かれ、手荒な対応を受けます。その後、托鉢中に、ある老婆からいきなり竹箒《たけぼうき》で打たれたことで、ハッと目覚め、正受老人の難問の答えがいっぺんに解けたと言います。

その正受老人は、「一日暮らし」の教えを私たちに残してくれています。

今日という一日は、これから始まる長い年月の始まりの日です。その始まりである一日を充実させれば、その結果、一生満足しながら暮らせます。

先を思い煩《わずら》わずに、「今日一日しかない」と考え、一生懸命に暮らしていけば、百年後も千年後も、自分が納得できる人生が送れるのです。

言語道断

ごんごどうだん

本当の教えは言葉にできない

「言語道断だ」と言われたら、「絶対NG」「けしからん！」の意思表示。インパクトの強い言葉ですが、四つの文字を分解してみましょう。

「言」「語」「道」は、それぞれ「言葉」を表します。

つまり、すべての言葉を「断」つことが、言語道断です。

この言語道断、本来は、仏教の教えの真髄《しんずい》を表します。

その真髄とは、「本当の教えは、言葉や文字では説明できない」「悟りの境地は言葉を超えたところにある」というものです。

これを、「不立文字《ふりゅうもんじ》」「教外別伝《きょうげべつでん》」とも言います。

もちろん、膨大な経典が残されていることからもわかるように、仏教は言葉によって伝えられ、世界中に広まりました。

しかし、言葉には限界がある。悟りの核心は、言葉だけでは決して伝わらない。一人ひとりの体感や経験によって、仏教を極めなければならない。

お釈迦様は、それを見抜いて「言語道断」という教えを残したのです。

普段の生活でも、言葉だけに頼るのは危険です。

たとえば、「青」と聞いてイメージする色は、人それぞれ違うでしょう。

また、言葉は細かなニュアンスを伝えにくいので、かえって誤解をもたらすことがあります。メールだけのやり取りをしていて、感情の行き違いが生じた経験を持つ人は少なくないはずです。

逆に、何も言わずとも、お互いの目を見ただけで気持ちが伝わったり、ちょっとしたしぐさや表情で相手の考えていることがわかったりすることがありますね。

細やかな感性を持つ日本人は、非言語コミュニケーションの達人です。

文字でのコミュニケーションが多くなった今だからこそ、言葉というとらわれから離れ、膝《ひざ》を突き合わせたおつきあいを大切にしていきたいですね。

実際

じっさい

物事の本質的な姿

写真を加工するスマホアプリが人気ですね。ただ、本人と会ってみると印象が違って驚いたということも起きているようです。自分を過度に良く見せようとすると、実際とのギャップが広がり、逆効果になるといういい例かもしれません。

私たちはこの言葉を、「現実は」「本当にやってみたら」などの意味で使いますが、経典での「実際」は、「物事の本質的なありのままの姿」を表す言葉です。

もともとの言葉は「ブータ・コーティ」。

「ブータ」が物事、「コーティ」が極《きわ》みなので、「物事の極み」という意味ですが、それがやがて「真実の際《きわ》」に変わり、「実際」という言葉が生まれました。

禅では、実際とは「本質があらわになること」だと捉えます。

しかし、自分のありのままの姿や本質をさらけ出して生きるのは、なかなか簡単ではありません。私たち人間には、自分を能力以上に見てほしいという欲望が潜在的にあるからです。

ですから、先ほどお話ししたように、「ありのままの自分」ではなくアプリで写真を加工したり、現実で起きた話をいくらか「盛って」話をしたりするのです。

しかし本当は、飾ることもへりくだることもありません。「今の自分」に照らし合わせ、正直に行動していけばいいのです。

ただし、例外があります。自分の実力以上のことを求められた時です。

たとえば、10の実力だと思っている時に、12くらいのレベルの仕事を頼まれたとします。自分の中で、こうすればできると具体的なイメージができていれば、実際にはやったことがなくてもチャレンジするといいでしょう。

しかし、準備ができていなければ、はっきり断らなければ相手に迷惑をかけてしまいます。実力を高める努力は続けつつ、決して無理をしないことが、結果的に実際の力を培《つちか》い、いざという時にチャンスをつかむ準備となるのです。

正真正銘

しょうしんしょうめい

この上ない仏様の悟り

正真正銘、本心から物事を選択できているか。

自分の心に嘘いつわりがない言動をとれているか。

こう尋《たず》ねられたら、ドキッとしてしまいますね。

「本物である」「まがいものでない」ということを意味するこの言葉は、「正真」と「正銘」の二つの単語から成っています。

仏教語である「正真」は、お釈迦様の悟りについて「無常正真道《むじょうしょうしんどう》」（この上ない仏の悟り）と翻訳《ほんやく》されたことから来ています。

「正銘」は本物であることを表し、「正真」を強調しています。

自分らしい人生を送りたいと思ったら、私たちは常に、「正真正銘、自分の人生を生きられているか」を自身に問う必要があります。

しかし、なかなかそうはいかないのが人の世です。

本音を言えずにお茶を濁《にご》したり、本当はノーと言いたいのに断りきれなかったりして、あとで落ち込むこともあるのではないでしょうか。

であるからこそ、仏教の教えがあるのです。

本音から行動できないのには理由があります。

「よく見られたい」「認めてほしい」という欲や執着、「嫌われたくない」という不安や怖れ、「本当にこれでいいのだろうか」という迷いなどです。

それらの煩悩を消すことはできません。しかし、仏教を学んだりお寺で心を鎮《しず》めたり、坐禅を組んだりすることによって、その煩悩をコントロールすることはできます。

たとえ努力したとしても、必ずしも完璧な人間になれるわけではありません。

しかし、そこを目指していく道こそが、正しく生きるということなのです。

正念場

しょうねんば

正しい思いを持つことが必要な場面

歌舞伎《かぶき》や浄瑠璃《じょうるり》で、登場人物が豪快《ごうかい》に大立ち回りをしたり、情感たっぷりに別れや再会を演じたりするクライマックス。これが本来の「正念場」です。

そんな名場面では、それまでうつらうつらしていた観客も、「待ってました！」とばかりに夢中で舞台に酔《よ》いしれます。

それが転じて、もっとも大切なところや、最大限の力を注いでいかなければならない場面を、正念場と呼ぶようになりました。

では、この言葉で仏教に関わる部分はどこかというと、「正念」です。

仏教では、私たちが悟りへと至るための「八正道《はっしょうどう》」という教えがあります。その一つが「正念」なのです。

八正道は、正見《しょうけん》（正しく見る）、正思惟《しょうしゆい》（正しく考える）、正語《しょうご》（正しく話す）、正業《しょうごう》（正しい行いをする）、正命《しょうみょう》（正しく暮らす）、正精進《しょうしょうじん》（正しく努力する）、正念《しょうねん》（正しい思念を持つ）、正定《しょうじょう》（正しく精神統一する）の八つです。

では、正念の「正しい思念を持つ」とは、具体的にはどんなことでしょう。わかりやすく言うと、欲や我を入れずに自分を正しく観察し、私たちは、縁によって生かされている存在であると気づくこと。そして、そのことに心から感謝することです。また、その心を常に忘れないことも大切です。

しかし、私たちの心は、ともすれば悩みや心配事に占領され、後悔や妄想《もうそう》で埋め尽くされます。

であるからこそ、心が「今」にいるかどうかを常に意識しなければなりません。ちなみに、「念」とは「今の心」と書きます。

自分自身の体も含めて、世の中の自然や事象は、人智を超えた大きな力によって動かされているとわかれば、今この瞬間が、いかに貴重で大切な「正念場」かが実感できるでしょう。

未曾有

みぞう

かつてないほど素晴らしい真理

「未曾有」は、書き下すと「未《いま》だかつて有《あ》らず」です。

普通ではあり得ないこと、滅多《めった》に起こらない出来事に遭遇《そうぐう》することを言います。日本が、未だかつてない災害に見舞われた近年、ニュースでこの言葉をよく耳にしました。

この言葉の由来は、『西遊記』で有名な三蔵《さんぞう》法師が、インドから中国に仏教を伝えた時代に遡《さかのぼ》ります。当時のインドの言葉で、とても珍しいことに対する驚きを「アドゥブダ」と言いました。それを、三蔵法師が「未曾有」と翻訳したと言われているのです。

その後、未曾有は、仏様の功徳《くどく》や、仏法が教える「未だかつてない素晴らしい真理」を指すようになりました。また、そのようなありがたい教えに出会えることと自体、非常に貴重なことなので、それもまた未曾有なことだとされました。

現代では、「未曾有の」という前置きは、よくない出来事の際に使われますが、本来は、おめでたいことや喜ばしいことに使われていたのです。

ところで、「未だかつてない素晴らしい真理」というと、とてつもなく難解で、それこそ、稀《まれ》にしか出会えないものだと思うのではないでしょうか。

しかし真理は、私たちの身近に今も昔もあふれています。

たとえば、子どもが生まれた時の親の喜び。それは、1000年前であろうと、100年前であろうと、今であろうと変わりありません。

また、春が来れば木々が芽吹《めぶ》いて花が咲き、秋風が吹けば葉が散って冬が訪れる。そんな四季の変化も、数えきれないほど繰り返されてきました。

そのような不変的な事柄を、真理と呼ぶのです。真理とは、決して特別なことではありません。そこに気づきさえすれば、私たちは身の回りに満ちあふれている「未曾有の真理」に出会うことができるのです。

無尽蔵

むじんぞう

尽きることのない仏様の功徳

「ああ、自由に使えるお金が無尽蔵にあったら、どんなにいいだろう」と思ったことはありませんか？

いくら使ってもなくならない状態が無尽蔵ですが、お金は、使ったらその分減るのが現実ですね。また、石油やガスなどの天然資源や鉱物なども、限りなくあるわけではありません。私たち生き物の命も同じで、有限です。

しかし、この世には無尽蔵に存在するものがあります。

それが、仏様の功徳です。仏様が私たちにもたらす徳は無限です。尽きることがありません。その限りない仏様の徳を、たくさんの金銀財宝が蔵に収められている様子に見立てて、「無尽蔵」と言うようになったのです。

中国のお寺には、「無尽蔵」という名前の金融機関がありました。

金融機関といっても、お金を貸し付けて利益を得る銀行のようなシステムではありません。檀家《だんか》からいただいたお布施をプールして、飢饉《ききん》や災害の時の救済に使ったり、低金利で貸し出したりしたのです。

人々を救うという仏教の目的を果たすために、実践的な救済方法としてお金が役立てられたのですね。その後、この方法は中国だけでなく、日本のお寺などにも広がりました。

現代にも、この無尽蔵と似たようなしくみがあります。それが、災害支援や社会福祉を目的に行われる募金活動です。

支援活動が確実に行われているか、運営団体を見極める必要はありますが、募金をすれば、そのお金はなにがしかの援助になり、仏の教えの実践につながります。立場が変われば、自分自身もまた募金に助けられることがないとも限りません。誰かの役に立ちたいという無尽蔵な思いが回り回って、お互いを助け合うことになる。これもまた、素晴らしい仏の功徳です。

Part 6

仕事・学び

演説

えんぜつ

お釈迦様の教えを説くこと

「演説」が日本に広がったきっかけは、あの有名な『学問のすゝめ』です。

福澤諭吉は、その中で、「演説とは英語でスピイチと言い、大勢の前で自説を述べ、自分の思うことを人に伝える方法」であるという旨のことを述べています。『学問のすゝめ』が出版された明治期の知識人たちは、西洋の文化を積極的に取り入れて近代化を図ろうと、こぞって演説の練習をしたのでしょう。

仏教での演説とは何かというと、もちろん、お釈迦様の教えを説くこと。日々穏やかに生きられる智慧や、心の悩みを解決する仏教の考え方を説く。それが、真の意味での演説です。

ですから、我々僧侶にとって、演説は不可欠な修行のひとつでもあります。

僧侶の修行には、「上求菩提《じょうぐぼだい》」「下化衆生《げけしゅじょう》」の2種類あり、前者が、自分を向上させるために意欲的に修行すること。後者が、修行で学んだ仏の教えを一般の人に説くことなのです。

ただし演説で話すのは、自身が修行でつかみ取ったことでなければなりません。

あなたは、「演説など自分には関係ない」と思うかもしれませんね。

しかし、広い意味で考えれば、自分の体験から学んで人の役に立つと思うことを身近な人に伝えるのも、立派な「演説」です。

自分自身が実践し体感したことであれば、自信をもって伝えられます。同時に、人の心に響く説得力があります。

自身の学びも大切ですが、それを人に伝えていくと、思わぬ気づきにつながります。ですから「演説」は、とても重要なのです。

「私は話すのが下手だから」と臆《おく》する必要はありません。

立て板に水の喋《しゃべ》りよりも、実体験から生まれる訥々《とつとつ》とした語りの方が、何倍も説得力があるものです。

開発

かいはつ

自分自身の仏性に気づくこと

都市や宅地の開発《かいはつ》が進み、それまでの風景が一気に様変わりして、眼を見張ることがありますね。

開発とは、過去から続いてきたものを改革し、新しいものに進化させることです。

私たちの祖先は、山野を拓《ひら》いて農地を作り、さまざまな工業製品や医薬品を発明し、政治経済や教育のしくみを作り上げ、自らも体を進化させて、現代文明を築いてきました。人類の歴史は、まさに開発の歴史だと言っていいでしょう。

仏教では、開発は「かいほつ」と読み、他者を悟りに導くことを言います。

また、仏の教えに目覚め、自分自身の仏性に気づいていくことを指します。

仏の教えに触れて大きな気づきを得た人の生き方は、開発が進んだ街の景色が一変するように、以前とはまったく異なったものに変わります。

目には見えない心のあり方がガラッと変わることを表す開発を、目に見える物理的な現象に当てはめて、現在の使い方になったのです。

物理的な開発には時間がかかりますが、人の気づきは一瞬で「開発」されることがあります。ひとつの例をご紹介しましょう。

中国に香厳智閑《きょうげんちかん》という禅僧がいました。

香厳は、悟りを開きたいと願い、修行を重ねますが、なかなか悟れません。とうとうそんな自分に嫌気がさして墓守《はかもり》となり、毎日墓所の掃除をして過ごすようになります。

ある日、掃《は》き掃除をしていたところ、たまたまホウキで掃いた小石が竹にあたり、カーンと音がしました。香厳はその音を聞いて、悟りを開いたというのです。

もちろん香厳が一瞬で悟れたのは、修行の積み重ねがあったからでしょう。日日、自分の心を開発する努力こそが、このような幸運をもたらしてくれるのです。

出世《しゅっせ》

俗世を離れて仏道に入ること

出世という言葉は、とかく私たちの劣等感や競争心を刺激します。「出世したいな」と望む人は多いでしょうし、自分を差し置いて同期や同級生たちが次々に出世していくのを見て、内心穏やかではないという人もいるかもしれません。

しかし仏教において、「出世したい」と言ったら、「俗世から離れて仏門に入りたい」という意味になります。出世とは、正式には「出世間《しゅっせけん》」と言い、悟りを求めて出家し、修行者となることを意味するのです。

さらに、出世にはもうひとつの意味があります。「仏様が、私たちを救うためにこの世に出現されること」です。

仏様であれ、私たち人間であれ、本当の意味での「出世者」とは、自分自身の名誉欲や金銭欲のためではなく、世のため人のためにひたむきに生きようとする存在です。そして、仏教の教えにしたがって、人々を救おうとする存在のことなのです。

ですから、真の出世は偉くなることでも、人にうらやましがられるような経済状況を手に入れることでもありません。

自分の持つ能力や時間、智慧を他者のために使い、自らを磨き続けることです。「出世間」しなくても、そのような生き方は目指せます。

僧侶にならず俗世で生きながら仏道修行する人のことを「居士《こじ》」と言います。居士は、寺に通って坐禅などの修行をしながら、自分の置かれた環境で周囲のために菩薩行（47ページ）を実践し続けます。

また、地位やお金を得ようと上ばかり目指すのではなく、地に足をつけて自分にできることをやり、人に尽くします。

そのような生き方が人々に認められて、真の意味で「出世」するのです。

精進

しょうじん

常に努力を重ね仏道を歩むこと

スポーツ選手や力士が、「これからも精進します！」とインタビューなどでよく言います。また、メールや手紙の最後に、「今後も精進してまいります」という一文が添えられているのを時折見かけます。

少し堅苦《かたくる》しい印象もありますが、前を向いて絶え間なく努力を重ねるという気《き》概《がい》とひたむきさが伝わってくる言葉です。

この精進もまた、仏教から生まれました。

お釈迦様は、悟りに至るための六つの教え「六波羅蜜《ろくはらみつ》」を定めました。その中に、「精進」があるのです。

六波羅蜜とは、布施（物を施す、教えを説く）、持戒《じかい》（戒律を守る）、忍辱《にんにく》（耐える）、精進（努力する）、禅定《ぜんじょう》（心を鎮め真理を悟る）、智慧（真理を見極める）の六つです。この六つの修行を修めることによって、人は菩薩に近づきます。

どれもないがしろにできない教えですが、とりわけ精進は、日常生活でとても大切になってきます。「継続は力なり」という言葉があるように、何事もコツコツ続けることで成果が表れるからです。

もし、「努力するのは苦手だな」「いつも三日坊主だからな」と思ったとしたら、あなたはこれまで、頑張ろうという気持ちが強すぎたのかもしれません。

努力するといっても、新しい知識を必死で学んだり、むずかしい技術を習得しようとしたりしなくてもいいのです。「これならできる」と思う小さなことを続けていくのも、立派な精進です。

「少水常流如穿石（しょうすいつねにながれていしをうがつがごとし）」という禅語があります。沢の水がチョロチョロと流れるように、絶え間なく続けていけば、岩に穴を開けることもできるという意味です。少水の力は素晴らしいですね。

さて、あなたはこれからどんな精進を始めますか？

接待

せったい

修行者をもてなすこと

現代で「接待」と言えば、商談や交渉事の相手を、飲食やレジャーに招待してもてなすこと。そこには「その代わり、こちらの言うことも聞いてほしい」「便《べん》宜《ぎ》を図《はか》ってもらいたい」といった下心が潜《ひそ》んでいるものです。

しかし仏教での接待は、見返りをまったく期待しません。

修行者や巡礼者に、お茶やお菓子、食事などを振る舞うことを言います。

八十八ヶ所巡礼で有名な四国には、そのルート沿いに「お接待所」と呼ばれる場所があります。歩き疲れたお遍路《へんろ》さんは、巡礼の途中でそこに立ち寄り、団子や軽食、飲み物などで疲れを癒して、また旅を続けるのです。

他にも、日本各地にこのような「お接待」文化が残っています。

その根底には、「仏道を志す修行者や巡礼者は、自分たちができないことをやってくれているのだから、後押しをしよう」という純粋な思いがあります。

仏典には、こんな言葉が記されています。「情懸流水　受恩刻石」（じょうをかけしはみずにながし、おんをうけしはいしにきざめ）、人に与えた情けは水に流し、人から受けた恩は石に刻もう、という意味です。

しかし、私たちはともすると、人にしてもらったことはすぐ忘れ、自分が人にしたことに対しては、「私はこれだけしてあげたのに、何のお礼もない」と考えがちです。

たとえ、お世話になった相手に恩返《おんがえ》しできなくても、誰かのために自分のできることをして、その恩を送ることもできます。また、あなたが助けた人からお礼が返ってこなくても、その相手は、他の誰かの役に立っているかもしれません。

仏様は、あなたの生き方をちゃんと見ています。また、意外な人物が遠くからあなたの振る舞いを見ていて、ピンチに手を差し伸べてくれることもあります。

あなたがやったことは、必ず功徳となっていつか戻ってくるのです。

智慧

ちえ

物事の真理を見極める力

智慧は、六波羅蜜（130ページ）で説かれる教えのひとつで、私たちがこの世で仏の境地に達するために必要とされます。

普段よく見かける「知恵比べ」や「知恵熱」の「知恵」との違いを整理してみましょう。

まず、通常の知恵は、「物事の道理を理解し、適切に判断していく心の動き」のことです。「あの人は知恵者だ」と言うと、どんな問題もうまく処理できる賢《かしこ》い人を指します。知恵がある人はトラブルに翻弄《ほんろう》されることなく、上手に世渡りしていけるでしょう。

ただし、この知恵は、普遍的《ふへんてき》なものではありません。生きている時代や場所、社会通念によって、物事の道理は変わります。また、自分自身の価値観も年齢や状況によって変化します。必然的に知恵のあり方も、それに応じて変わっていきます。

一方、仏教における智慧は、時代や状況などの条件によって左右されません。智慧とは、「物事をありのままに見つめ、真理を見極める力」であり、「それによって善悪を判断し、善に基づいて行動していく能力」です。

では、智慧のない状態とは、どんなものでしょう。

それは、この世の物事はすべて移ろいゆくと理解していない状態。そして、人も物も全部お互いの関係性の上に成り立ち、影響し合っていると気づいていない状態を言います。

ひと時も休まず変化し続けている世の中で、私たち自身も含《ふく》めて、変わらないものはありません。

まず、その真理をしっかりと心に留め、多くの助けに支えられて生きていると知る。これが、智慧のある生き方につながっていくための第一歩です。

道具《どうぐ》

仏道の修行に必要なもの

一流の職人やスポーツ選手は、自分が使う道具に徹底的にこだわる人が多いと聞きます。メンテナンスをこまめにするのはもちろんですが、「特定の人が作る道具しか使わない」「他人には触らせない」などのエピソードをよく耳にします。傑出《けっしゅつ》した結果を残す人ほど、道具ひとつで自分のパフォーマンスが大きく変わることを熟知しているのでしょう。

仏教で道具といえば、僧侶の修行に必要なものを言います。たとえば、禅僧が使う食器である応量器《おうりょうき》、坐禅で使う坐蒲《ざふ》、法要で用いる仏具などです。仏道という「道」を極めていく際に、「具」する（持つ）ものが、本来の「道具」なのです。

僧侶にとって、それらの道具は悟りを開くための聖なる持ち物です。ですから、道具を大切にすることは、大事な修行のひとつだと考えられています。

しかしその一方で、道具や修行の手段にこだわりすぎると、愚かだと戒められます。道具は、あくまでも悟りに達するための用具に過ぎず、修行の主役は自分自身だからです。また、悟りというゴールにたどり着いたら、道具は必要なくなるからです。

大珠慧海《だいじゅえかい》という中国の禅僧は、「魚やウサギを獲《と》ったら、筌《せん》や蹄《てい》という罠《わな》は必要なくなる。それと同じように、仏教の教理も、しょせん悟りを開くまでの道具に過ぎないので、最終的には忘れていい」と言いました。

ここから、悟りの境地を表す「忘筌《ぼうせん》」（筌は、魚をとる罠の意味）という言葉が生まれ、京都にある大徳寺孤篷庵《こほうあん》の茶室の名前にもなっています。

「弘法は筆を選ばず」ということわざもあります。名人であれば、どんな道具であっても関係なく良いものができるという意味です。

目的に至るための道具は大切ですが、本末転倒になるのは避けたいものです。

名声

みょうしょう

仏様から発せられる救いの声

世の中には、「名声《めいせい》なんて、自分の人生にまったく関係ない」という無欲な人と、「名声を得て、世間から認められたい」と願う人の2種類いるようです。

名を上げることに興味のない人でも、自分のやりたいことを追求した結果、名声が高まることもあれば、逆に、名声が欲しいあまりに道を踏み外し、悪い評判が立ってしまうこともある。それもまた、人生の妙と言えるでしょう。

仏教では、名声を「みょうしょう」と読みます。名声は、仏様から発せられる救いの声です。

人間は誰しも、多かれ少なかれ、人に言えない悩みや問題を抱えています。

仏様（特に、観音様）は、そんな私たちの心の声を聞いて、「あなたを救いましょう」と手を差し伸べてくださるのです。

たとえば、絶体絶命の危機に思わぬ助けが入った。人間関係で疲れ果てた時に、ふと好きな曲が流れてきてホッとした。ふとしたことから問題解決の突破口がひらめいた。それらはすべて、仏様からの救いに他なりません。

その救いの手は、私たちの苦しみをひとつずつ、すくい取って溶《と》かしてくれます。また、もっと楽な気持ちで生きていける道を照らしてくれます。

ある経典には、「名声超十方（みょうしょうちょうじっぽう）」と記されています。仏様から発せられる「あなたを必ず救います」という声は、いつどこにいても私たちのところに届くという意味です。

もちろん仏様は、「名声」を得たいと思って、私たちを救ってくださるわけではありません。ただ無心に、ご自身のやるべきことをやっていらっしゃるだけです。

私たちも無心になって、自分の目の前にあることに取り組んでいきましょう。

その時、どんな名声もかなわない、最高の安らぎが心に訪れるでしょう。

利益

りやく

仏様の慈悲をいただくこと

ビジネスで出る利潤《りじゅん》、「利益《りえき》」は大切です。

しかし生きる上で、もっと大事にしなければならないものがあります。

それは、仏様の「利益《りやく》」です。皆さんには、この言葉に尊敬を表す「御」をつけた「御利益」の方が馴染み深いでしょうか。

「利益《りえき》」とは、平たく言えば「儲《もう》け」ですから、損得が絡みます。

一方、「利益《りやく》」は、仏様の慈悲をいただくこと。つまり、仏様の「恩恵」によって、人生がよい方向へ変わっていくことです。どんな人にも差別なく与えられます。

しかし、仏像の前で一生懸命祈れば、「タナボタ」で御利益がもたらされるかというと、そうではありません。

仏様が、見返りのない心で私たちを救ってくださるように、私たち自身も日々生きる中で、周囲のために菩薩行（47ページ）を実践して初めて、御利益が得られます。

ただし、人のために犠牲になることではありません。また、「誰かのため」と見せかけて、自分だけが得するような行動をすることでもありません。

自分自身の利益も、他人の利益も得られるように行動していくのです。

これを、「自利利他《じりりた》」と言います。

「自利」は、自分の利益になること、つまり、自分が悟るために修行することです。「利他」は、他者を利すため、つまり、救うために尽くすことです。

仏教では、両者は別々に分けられるものではないと考えます。

「菩薩行」や「自利利他」など専門的な言葉が続きましたが、実践するのはむずかしくはありません。「一緒によくなろう」と考えて、行動していけばいいのです。その姿勢さえ忘れなければ、必ず御利益が得られる道が見えてくるはずです。

仏教を広く世の中に伝えること

流通

るずう

今は、スマホのショッピングサイトを開いてワンクリックすれば、翌日には、欲しかった商品を玄関先で受け取れます。本や洋服はもちろん、食料や日用品もネットで定期的に買っているという人もいるでしょう。

こんなに便利な世の中になるとは、ほんの20～30年前まで予想もできませんでした。その快適な環境を支えているのが、流通《りゅうつう》です。

注文した商品が手元に届くまで、いったいどれだけの人の手を介しているのか。一度、ゆっくり思いを馳《は》せてみましょう。

そうすると、私たちがいかに多くの人に支えられているかがわかるでしょう。また、迅速《じんそく》な配達を可能にしている流通システムの精妙《せいみょう》さに驚くでしょう。

仏教では、流通は「るずう」と呼び、お釈迦様の教えを広く世の中に伝えていくことを意味します。

先ほどお話しした「開発」と同じように、形のないものに使っていた仏教語を、形のある物理的なものに転用し一般化したケースです。

お釈迦様が、仏教を「流通」させて実現しようとしたのは、生きとし生けるものがお互いに調和し合い、すべての存在が、自らの命を輝かせながら生きる社会です。そこには、相手を敬い、尊重する姿勢があります。

もし、私たちの経済活動によって起こる流通が、「自分さえよければいい」といった自己中心的な考え方で行われるならば、調和とは逆の、貪りや恐れ、怒りなどが幅をきかせる社会になっていくでしょう。

「気持ちはわかるが、自分だけが変わっても社会は変わらない」と思うかもしれません。しかし流通を起こすのは、私たち一人ひとりです。

相手が喜んでくれれば、自分自身も嬉しくなり、喜ばしい状態になります。このサイクルを流通させていけば、調和へと向かう変化を起こしていけるでしょう。

Part 7

生きる

因果《いんが》

前世や来世も含めた原因と結果

「自分自身を愛しなさい。大事にしなさい」とよく言われます。

確かに、自分は大切にしなければなりません。お釈迦様も、「どの方向に心を向けても、自分より愛《いと》おしいものは見出されない。それは他人も同じなのだから、人を傷つけたり攻撃《こうげき》したりしてはいけない」と説かれています。

では、自分を愛するとは、具体的にはどんなことだと思いますか？

好きなことをやる。おいしいものを食べる。欲しいものを買う。嫌なことを我慢しない……。どれも、自分に優しくするためには必要なことでしょう。本心に嘘をつかず、心ゆくまで自分を楽しませるのは悪いことではありません。

しかしそれだけでは、本当に自分を愛していることにはなりません。欲望のままに行動すれば、「たが」が外れてしまいます。何事もバランスが大事です。

お釈迦様は、このようにおっしゃいました。

「自分を愛しいものと知るなら、自分を悪と結びつけてはいけない」

つまり、自分を大切にしたいなら、悪い「因」（原因）を作ってはいけないということです。

「悪」とは何か。一言で言えば、自分を苦しみに導くものです。

すでに、因縁（22ページ）についてお話ししましたが、悪い原因は、悪い結果へとつながります。これが、「因果」の法則です。

逆に、よい因を結べば、よい結果を得られます。「因果応報《おうほう》」というと、現代では悪い例に使われますが、仏教的には、よい意味も含まれているのです。

ちなみに、因果には、前世からの因が現世に現れ、現世の因がまた、来世に現れることも含まれます。

自分にとってよい因とは何かを熟考し、行動していきましょう。そうすることが、今だけでなく、未来の自分を愛する生き方へとつながっていくでしょう。

縁起

えんぎ

すべてのものは因縁によって起きる

たとえば、ラッキーナンバーにこだわったり、「勝負に勝つぞ！」とカツ丼を食べたり……。あなたは縁起をかつぐタイプですか？

「茶柱が立ったら縁起がいい」「おめでたい席では、縁起が悪い忌《い》み言葉は使わない」など、私たち日本人は、何かと縁起を気にします。

このように、私たちが普段使っている「縁起」の意味は、物事の吉凶を表すサインを指します。縁起をかつぐとは、「よい結果が出るように」とおまじない的な意味合いで行動することです。

仏教での「縁起」は、教えの本質を表す大事な言葉で、簡単に言えば「すべてのものが関係し合って成り立っていること」を指します。

繰り返しお話ししてきたように、すべてのものは、因と縁が結ばれた結果、現実の事象となって起きています。

縁起とは、因と縁によってあらゆる事象が成立しているということです。

つまり、この世において私たちを含むすべてのものは、縁起によって成り立っているのです。

あらゆる縁は、自分を起点として始まっています。ですから、縁起をかつぐのは、あながち無意味ではないのかもしれません。

しかし、縁起をかつぐよりも重要なことがあります。

よい因と縁を作るために適切に行動し、努力を重ねることです。因が変われば、それによって生じる縁が変わり、結果も変わってきます。

ヒマワリの種を蒔《ま》いたのに、朝顔の芽が出ることはありません。また、芽吹いた後に水をやり肥料を与えなければ、成長して花が咲くことはありません。

縁は、「今この瞬間」の行動から起こります。時を逃さず、動き続けて因を作る。これが、よい結果を得るための極意です。

更生

きょうしょう

仏の教えにより生まれ変わること

お釈迦様の弟子に、アングリマーラという元極悪人《ごくあくにん》がいます。

盗賊《とうぞく》として村々を襲《おそ》い、自分の殺した人の指を連ねて首飾りにしていたほどの悪党です。最後には、母親を殺して指を切ろうとしましたが、その直前にお釈迦様と出会って己《おのれ》の愚かさを知り、彼は出家しました。

ある時、托鉢中《たくはつちゅう》のアングリマーラは、難産で苦しんでいる妊婦に出会います。

彼は、妊婦を苦しみから救いたいと思いましたが、自分が犯してきた罪を思い出し、気後れして声をかけることができませんでした。

托鉢から戻ったアングリマーラは、お釈迦様にこのことを相談しました。

するとお釈迦様は、次のように言いました。その妊婦に「私は仏弟子《ぶつでし》になってから、生き物の命をわざと奪《うば》ったことは一度もありません」と真実を伝え、妊婦と子どもが安らかであるように祈りなさいと。

アングリマーラが再び妊婦の元を訪れ、そう伝えると、彼女の苦しみは消え、無事に出産できたそうです。

インドでは、真実の言葉には力が宿るとされています。

非道の限りを尽くしたアングリマーラですが、仏の教えにより、過去の悪行を心から悔いたことによって、新たに生まれ変われたのです。

このように、本質から生まれ変わることを「更生」と言います。

この言葉は、死期の迫った帝釈天《たいしゃくてん》が、仏様の力によって「更《さら》」に「生」き続けられたという言い伝えから生まれました。

現代でも、社会的に望ましくない行いをした人や、罪を犯した人が改心してやり直すことを「更生《こうせい》する」と言います。

私たちも「更生」できます。仏様の教えによる気づきによって、自分の本質的な部分が変われば、いつでも生まれ変わって生き直すことができるのです。

化生

けしょう

忽然《こつぜん》とこの世に生まれること

時代小説や劇画などで、「化生」や「化生の者」という言葉を見かけたことはないでしょうか。

人間だと思っていたら、実は、妖怪《ようかい》や化け物だった。こんな場合に「やはり、化生の者だったか！」「化生め」などと言います。

現代では、「けしょう」と言えば「化粧」のことをすぐ思い浮かべますが、「本来の姿から化ける」という意味では、「化生」に通じるところがあるかもしれません。

仏教には「あらゆる生き物は、四つに分類される」という四生《ししょう》と呼ばれる考え方があります。そのひとつが「化生」です。

すべて説明すると、胎生《たいしょう》（母の胎内から生まれる哺乳類《ほにゅうるい》など）、卵生《らんしょう》（卵から生まれる爬虫類《はちゅうるい》など）、湿生《しつしょう》（湿気の中から生まれる蚊《か》や魚など）。そして、拠りどころを持たずに縁の力で生まれるのが、化生となります。観音菩薩や阿弥陀如来などは、忽然とこの世界に生まれた化生です。

また、ある存在が、別の姿に変化することも、化生と言います。

そのひとつが、仏様が私たちを救うために、この世で人間の姿になって現れること。そして、もうひとつが、人が亡くなった後に成仏して、彼岸に渡ることです。

しかし生きている私たちもまた、化生できます。化生とは「変化する」ことですから、悟りを開くことも「化生した」と言えるのです。

「悟るなど自分には無理」と、諦めるのは早計です。

「なるほど」と世の真理に気づいて生き方が変われば、れっきとした化生です。こだわりや欲から離れ、心を開いてよい縁を結ぶ。このような生き方が気づきを起こし、化生へとつながっていくと言えるでしょう。

四苦八苦
しくはっく

生きる上での八つの苦しみ

　この言葉は、トラブルに翻弄され苦労する様子や、むずかしい状況に直面して悪戦苦闘している有様を指します。

　たとえば、「毎月の支払いに四苦八苦する」「引越しの荷物が多くて四苦八苦だ」など、どれも嫌な状況ですね。

「いや、自分の人生そのものが四苦八苦だよ」とボヤく人がいたら、まさにその通り。四苦八苦とは、人間が避けて通れない人生の苦しみのことです。

　最初の四苦は、「生苦《しょうく》・老苦《ろうく》・病苦《びょうく》・死苦《しく》」の四つです。

　お釈迦様が若い頃、お城の門から出ると、老人、病人、死者に出会います。

　またある時は、鳥がミミズを食べるのを見て、生きるには、他者の命を奪う苦しみが伴うと気づきます。

次の四苦は、「愛別離苦《あいべつりく》」（愛する人と別れる苦しみ）、「怨憎会苦《おんぞうえく》」（恨《うら》み憎《にく》む相手に会う苦しみ）、「求不得苦《ぐふとくく》」（求めるものが得られない苦しみ）、「五陰盛苦《ごおんじょうく》」（心身から生まれる苦しみ）。これらを合わせて、八苦です。

四苦八苦する人生を生き抜くためには、四摂法《ししょうぼう》の四つの行い（37ページ）が役立ちます。

相手の立場に立ってものを考え、苦しみや悲しみを分かち合って生きることです。

この四つが実践できると、人は菩薩の存在になれるとされています。

宇宙の長い歴史の中で、私たちが生きられる時間は、ほんの一瞬に過ぎません。それが苦の中であったとしても、お互いに敬い合い、慈しみ合いながら生きたいものです。

そのためには、相手の長所に目を向けること。そして、自分が受けた優しさを忘れないことです。そうすれば自然に、あたたかな人間関係が築けるでしょう。

寿命

じゅみょう

生まれる前に決められた命の長さ

「死神」という落語があります。主人公の男が、死神に連れられて入った洞窟《どうくつ》には、無数のロウソクに火が灯されていました。

長いものもあれば短いものもあり、また、今にも炎が消えそうなものもある。それらは人間の寿命で、火が消える時に命も尽きると男は教えられます。

寿命とは、授かった命の長さです。仏教では「定命《じょうみょう》」とも言い、この世に生まれ出る前から決められた命の長さのことです。

また、阿弥陀如来の命は無量寿《むりょうじゅ》と言われており、限りがなく、永遠です。

しかし、ロウソクに長短があるように、人間の命は、生まれた時に定まっています。どの程度の長さなのか、本人も親もわかりません。ですから私たちは、自分の寿命が尽きるまで、命を燃やしながら生きるしかありません。

　これまでお話ししてきたように、命はご先祖様からの預かりものです。与えられた命をきちんと全《まっと》うして、仏国土に返すのが私たちの役目です。

　しかし、時に不摂生《ふせっせい》な生活を送ったり、無謀《むぼう》な行動で身を危険に晒《さら》したりして、自ら寿命を縮めてしまう人がいます。それでは、せっかく授かった命を粗末《そまつ》にすることになってしまいます。

　その一方で、災害や不慮《ふりよ》の事故、病気などで、突然命を落としてしまう人もいます。自分自身にとっても、家族にとっても、そのような死は理不尽《りふじん》でしかないでしょう。悲しみや後悔は尽きないと思いますが、「これは、定まった一生だったのだ」と自分を納得させるしかありません。

　江戸時代の禅僧、良寛《りようかん》は「災難に逢《あ》う時節には災難に逢うがよく候《そうろう》。死ぬる時節には死ぬがよく候」と、知人への手紙に書いています。一見、突《つ》き放《はな》した言い方だと思うかもしれません。しかし、このようにすべてを受け入れ、運を天に任せ淡々と生きれば、限りある寿命を最大限に生かし切れるのではないでしょうか。

成仏
じょうぶつ

悟りを開いて、仏になること

「成仏する」というと、言うまでもなく、亡くなった人があの世で仏様になることです。また、人が死ぬことそのものにも、この言葉は使われます。

しかし仏教では、生きている人が、文字通り「仏」になることを言います。

つまり、悟りを開いて、迷いや苦しみから解放されれば、生きながらにして「成仏」できるのです。

では、この世で最初に仏になった人は誰でしょう?

答えは簡単ですね。そう、お釈迦様です。

お釈迦様が悟りを開いた12月8日には、「成道会《じょうどうえ》」という儀式が行われます。

禅寺では12月1日から8日まで、集中的に坐禅修行をします。極寒《ごっかん》の中で、長時間坐り続ける大変厳しい修行です。

しかし、悟りを開くための修行は、ただ厳しければいいというわけではありません。また、悟り自体もピンと張りつめた緊張感に満ちたものでもありません。

お釈迦様は、こうおっしゃっています。

「琴《こと》の弦《げん》がゆるんでいたら、よい音色は奏《かな》でられない。欲望にまみれた生活は、それと同じだ。しかし、琴の弦は張りすぎると切れてしまう。体を痛めつけるような苦行や危険な修行は、きつく張って切れる寸前《すんぜん》の弦のようなものだ。どちらにも、本質的な安らぎはない。弦がちょうどいい張り具合になる生活の中にこそ、安らぎがある。それが、悟りである」

つまり、「成仏」を目指すなら、ほどよい塩梅《あんばい》が大事なのです。

自分の「ちょうどいい」は、自分にしかわかりません。自分自身で生活のルールを決め、やるべきことを繰り返しやり続けましょう。

すると、生活にリズムとメリハリができ、誘惑に振り回されることなく、目指すべき自分に近づいていけるでしょう。

人間

じんかん

世の中、世間、人の住む世界

「人」と「人間」の違いが、あなたはわかるでしょうか。

たったひとりで存在しているのが、「人」。

他者とつながり、お互いに関係性を築き上げていくのが、「人間」です。

すべてのものは関係し合って成り立っているので、本来、自分だけで存在している「人」は、ひとりもいません。私たちは、人同士でつながり生きています。

一方で、仏教には「六道輪廻《ろくどうりんね》」という思想があります。

地獄・餓鬼《がき》・畜生《ちくしょう》・修羅《しゅら》・人間・天上界で、生と死を繰り返すことです。六つの世界のひとつが「人間」です。仏教では、これを「じんかん」と読みます。

人間は、他にも「世間」や「世の中」を表す言葉として使われます。たとえば、このような禅語があります。

「人間到処有青山（じんかんいたるところせいざんあり）」。「青山」とは、お墓のこと。「自分が骨を埋めるべき場所（墓）はどこにでもある」という意味です。

たとえば故郷を離れ、「いつか故郷に錦《にしき》を飾りたい」と思っている人は多いかもしれません。しかし、どこに住んでいても、今いる場所で自分の人生を確立すれば、そこが自分の墓、つまり、根を下ろすべき場所になります。いたるところが、自分が生涯を送る素晴らしい場所、故郷のような場所になるのです。

これを、さらに掘り下げれば、次のように言えると私は考えます。

人間はどこにいても、どんな状況に遭遇したとしても、自分が望みさえすれば一からやり直して、再び人生を築き上げることができると。

人生にどんな事態が起きるか、誰にも予測できません。時には、絶望に立ちすくむような出来事も起こり得ます。

しかし、人と人の関係がある限り、どのような困難にあってもお互いに助け合い、励まし合いながら、また立ち上がっていけるでしょう。

殺生《せっしょう》

命あるものを殺すこと

仏教では、さまざまな戒律が定められています。

戒律とは、悟りを開くために、守らなければならない決まり事です。禅宗で授ける戒律は、「三帰《さんき》戒《かい》」「三聚浄《さんじゅじょう》戒《かい》」「十重禁《じゅうじゅうきん》戒《かい》」の合わせて十六条《じゅうろくじょう》戒《かい》です。

その「十重禁戒」の一番目は何だと思いますか？

それは、殺生をしないということです。これを、「不《ふ》殺生《せっしょう》戒《かい》」と言います。

仏教が目指すものは、生きとし生けるものが調和し、尊重し合う世界です。

その実現のために、まず生き物を殺さないようにと、お釈迦様は説かれたのです。その後の戒は、不偸盗《ふちゅうとう》戒《かい》（盗みをしない）、不邪《ふじゃ》（貪《とん》）婬戒《いんかい》（邪《よこし》まなことをしない）、不妄語《ふもうご》戒《かい》（嘘をつかない）、不酤酒《ふこしゅ》戒《かい》（お酒を飲まない）と続きます。

不殺生を徹底するために、お釈迦様は、このように注意されたそうです。

「弟子たちよ。旅に出る際には、杖《つえ》の先に金具の環《わ》をつけなさい。それを鳴らして歩けば、地を這《は》う虫が驚いて逃げるから、一匹の虫も踏むことなく歩いていける。また、水を飲む際には、木綿の袋で漉《こ》してから飲みなさい。そうすれば、水中の小さな生き物を殺さずに済む」

しかし現実には、私たちは殺生せずに生きていくことはできません。

どんなに、虫を殺さないように気をつけたとしても、生きていれば知らず知らずのうちに、何かしらの殺生をしているものです。

また、肉や魚を食べなかったとしても、穀物や野菜、果物や海草類などの命をいただいていることになります。

であるからこそ、私たちはたくさんの命と共に生きているのだと自覚して、その命をいただいていることに感謝しなければなりません。そして必要な分だけを無駄《むだ》なく、ありがたくいただく。それが、すべての命を大切にすることにつながります。

彼岸
ひがん

煩悩のない悟りの境地

日本でもっとも有名なお経「般若心経《はんにゃしんぎょう》」は、このような一節で終わります。

掲諦掲諦《ぎゃていぎゃてい》　波羅掲諦《はらぎゃてい》　波羅僧掲諦《はらそうぎゃてい》　菩提薩婆訶《ぼじそわか》

この部分は「真言《しんごん》」と言い、正確には訳せません。ですから、もともとのサンスクリット語の読みに近い漢字を当てています。

私なりに意訳すると、この部分は「皆で共に渡ろう、彼岸へ渡ろう。悟りを円満に成就《じょうじゅ》しよう」という呼びかけです。

日本には、春と秋のお彼岸に先祖供養する習慣がありますが、本来の「彼岸」とは、我欲や執着などの煩悩が一切なくなった悟りの境地のことです。

般若心経のラストでうたわれる「皆で彼岸に渡ろう」が、お釈迦様が伝えたい一番重要なメッセージだと言っても過言ではないでしょう。

私たちが住む「此岸《しがん》」は、いさかいやもめごとが絶えませんが、彼岸では、すべての「苦」から解放され、心穏やかに暮らせます。

しかし、彼岸に行くためには、迷いや執着の川を越えていかねばなりません。その川を渡るために、出家者も一般の皆さんも一緒に乗れる大きな舟が「大《だい》乗《じょう》仏教」（北伝仏教）。この日本に伝わっている仏教なのです。

ご先祖様のいる彼岸には、亡くなってみないと渡れませんが、仏教の教えを取り入れれば、生きている間に、自分の周りを彼岸にすることができます。

皆が心からくつろぎ、平和な気持ちで暮らせる世界を作ればいいのです。

自分だけがよくなろうと考えると、一歩間違えば、相手を自分の幸せの道具のように、捉えてしまう場合もあります。自分自身も見えなくなり、周囲の人を蹴《け》落《お》として、信頼を失う結果になりかねません。

それでは、いつまでも、彼岸に渡れません。今、自分がどのような生き方をしているか。そこを改めて見てみると、彼岸への道筋が見えてくるでしょう。

Part 8

悟り

諦め

あきらめ

物事を明らかに見極めること

「諦め」は、現代では消極的な意味合いで用いられます。あなたも、「諦めが肝《かん》心《じん》」と、自分や他人を納得させた経験があるかもしれませんね。

しかし仏教で「諦め」とは、「真実を明らかに見極める」ことです。苦の原因を知り、悟りへと導くための四つの真理「四諦《したい》」のベースに、この「諦」の文字があります。四諦は、次の通りです。

私たちの人生は苦である（苦諦《くたい》）　苦の原因は煩悩である（集諦《じったい》）

煩悩を滅すれば苦のない境地に達せられる（滅諦《めったい》）

そのためには正しい行いの実践が必要である（道諦《どうたい》）

ここで言う「諦」とは、真理という意味であり、私たちが能動的に生きるための基本を表しています。

人生がうまく運ばない時、私たちはその原因を、運命や人のせい、社会のせいにして、「諦め」てしまいがちです。しかしそれでは、「苦」の原因が消えることはありません。「苦」から自由になるために、真実を明らかに見るのです。

その秘訣《ひけつ》は、物事の「へそ」をしっかりと捉えることです。

つまり、何事においても、「一番大事なもの」を見るクセをつけるのです。

私たちが悩んだり、迷ったりしている時は、さまざまな煩悩や執着に縛《しば》られているものです。その時、自身の心を明らかに見る目を持ちましょう。

自分が単なる欲望に振り回されているだけなのか、それとも、誰かの役に立とうとして悩んでいるのか。冷静になって見定めてみるのです。

また、周囲の意見に流されたり、時代の波に踊《おど》らされたりしてはいないかという視点で、自分の動機を振り返ってみるのです。

そうすると、大切なものを見極める目が養われ、迷いや悩みから離れるヒントを得ることができるでしょう。

暗証

あんしょう

経論《きょうろん》の裏付けなく悟れるとすること

現代を生きる上で、暗証番号は欠かせません。

スマホやパソコン、キャッシュカードなどの暗証番号を忘れたら、とたんに私たちの生活は立ちゆかなくなります。簡単な番号だとセキュリティ面が心配ですが、複雑な番号では覚えられない。適切な番号を設定するのは、意外にむずかしいものです。

仏教には、「暗証の禅師」という言葉があります。

これは、他宗の僧が禅宗の僧を非難する際に使われる言葉で、「暗」は「暗《くら》いこと」、「証」は「悟り」を意味します。坐禅などの実践修行ばかり重視して、経論（仏典）の理解や研究を軽視する僧のことです。

一方、禅僧は他宗の僧を、「文字《もんじ》の法師《ほうし》」「誦文《じゆもん》の法師《ほうし》」と揶揄《やゆ》します。それぞれ、「経論の解釈や研究だけを重要視し、実践を軽視する者」「経典をただ唱えるだけの者」という意味です。

何事においても、実践が大事か、論理を重視すべきか。どちらを選ぶべきかは、おおいに迷うところでしょう。

しかし禅では、「実践の上に成り立つ論理」が最重要だとされています。我々禅僧は、「自らの実践を通して、論理をつかみ取ること」を目指すのです。

実践のない机上の論理だけでは、何も得られません。かと言って、論理を学ばず実践するだけでは、真理にはたどり着けない。自分自身の体を通して修行する中でこそ、真理をつかみ取れる。禅では、こう考えます。

たとえば、湯船のお湯が熱いのかぬるいのか、いくら考えても眺《なが》めるだけでは答えは出ません。しかし実際に手をつけてみれば、瞬時に熱さがわかります。

頭で考えあぐねていると、あっという間に時間は過ぎていきます。まずは行動してみる。最初の一歩を踏み出せば、自ずと見えてくる真理があるはずです。

覚悟
かくご

真理に沿った生き方を悟ること

人生は、選択の連続です。一生の間には、覚悟を決めて決断しなければならない時が、必ず何度か訪れます。

たとえば、学校や就職先を決める時、結婚や離婚、留学や転職、あるいは、仕事での大きな取引や家の購入など、どんなに迷っても、いつかは「よし、覚悟を決めた！」と、ひとつの道を選ばなければなりません。

その時、重要なのが「覚悟」です。現在では、「心構え」や「諦めること」を意味しますが、本来、「覚」も「悟」も「悟ること」。つまり真理に気づいて、モヤモヤした状態から抜け出し、新しい生き方を悟った状態が「覚悟」なのです。

覚悟が決まらない時は、外側の現実に振り回されて、旗《はた》が風で右左になびくように、生き方もブレてしまいます。

しかし、「自分はこの真理を拠りどころに生きていくんだ」と悟った状態は、心の軸《じく》がしっかりと定まり、ブレることがありません。どっしりとした不動の心が生まれます。そこから、物事を決断するための心構えが固まることを、覚悟と言うようになったのです。

意外かもしれませんが、真理に目覚め、覚悟を決めて生きるためには、必ずしも、人生が激変するような大きな悟りを必要とはしません。

むしろ、必要なのは、日常の中の「小さな悟り」の積み重ねなのです。

小さな悟りとは、自分が大切にしたいものや、拠りどころにしていきたい考え方に気づくことです。そしてそれは、普段の暮らしの中にたくさんあります。

たとえば、季節の移り変わりを感じて一瞬一瞬の大切さを思う。秋に色づく紅葉に、自分の人生を重ねてみる。友人の何気ない一言に生きるヒントをもらう。

このような出来事すべてが、「小さな悟り」につながります。その悟りに気づくための観察眼と心の余裕が、覚悟につながっていくのです。

空《くう》

世の中の物事には実体がない

「空車」「空き家」「空元気」「空回り」……。極めつけは「空虚《くうきょ》」や「空疎《くうそ》」。「空《くう》」という文字は「からっぽ」を意味するせいか、どこか虚《むな》しさや寂しさを連想させます。「空《そら》」も、その実体は何もない虚《うつ》ろな空間ですね。

「空《くう》」は、諸行無常《しょぎょうむじょう》（世の中のすべては移ろう）と諸法無我《しょほうむが》（あらゆるものは関係し合っている）という重要な仏教の概念《がいねん》をひとつにした大切な言葉です。

経典で説かれる「空」は、かいつまんで言うと「現象はあっても実体がない状態」を表しています。たとえば、蜃気楼《しんきろう》や夢などは、現象として見ることはできても、実体はありませんね。世の中もそれと同じで、すべての物事には実体がないということを、「空」は説いているのです。

理論だけでは腑《ふ》に落《お》ちないかもしれませんが、これまで、私たち日本人の感性は、この「空」を感覚的に捉え、自分たちの文化の中に表してきました。茶室や禅寺、歴史ある日本家屋などの伝統的な建築を思い出してください。すっきりと何もない空間には、凛《りん》とした雰囲気が漂《ただよ》っています。そのような空間を「空《うつ》」と呼びます。色で言えば「白」ですが、どのような色にも染められる可能性を持った空間です。

日本の美術品や工芸品も、この「空」を大事にします。私たち日本人は、古くからそのような空間を愛し、大切にする美意識を持ち続けてきたのです。禅の視点から見れば、このような空間こそ、「空《くう》」の本質を表しています。一度、先人たちの素晴らしい建築や芸術作品に触れて、あなた自身の感性で、空を感じ取ってみてください。

日常で花を生けたり、部屋のインテリアを考えたりする際にも、むやみに飾り立てず、素材の持ち味を生かすアレンジや空間作りを意識してみましょう。すると、そこで過ごすあなた自身の心も、自然に整っていくことでしょう。

解脱

げだつ

真理に気づき苦から解放されること

禅の修行僧は、雲水《うんすい》と呼ばれます。常に流れ続ける雲や水のように、一瞬もとどまることなく修行するという意味です。雲水が寺に入門する際には、最低限の私物しか持ち込めません。スマホなどはもちろん禁止です。

俗世から断絶《だんぜつ》された環境の中で、早朝4時頃に起床し、午後9時の就寝時間まで、日課がみっちり詰まっています。あまりの厳しさに、途中で脱落《だつらく》してしまう者も少なくありません。

そのような生活を送るのは、ひとえに、煩悩から解き放たれ、安らかで自由な悟りの境地を目指すため。一言で言えば「解脱するため」です。

解脱とは、あらゆる苦しみから解放されることです。

出家前の生活を思い出させる品々や自由時間は、煩悩を生み、欲や自己中心的な考え方、執着心となって解脱をはばみます。ですから、禅寺の修行では、事前にそれらの因（原因）となるものを徹底的に取り除き、坐禅や作務《さむ》（掃除や料理などの作業）、読経《どきょう》や座学などに没頭《ぼっとう》できる環境を作るのです。

禅寺での修行は、細部まで数百年変わらず守り続けられています。このように、自分をまずひとつの「型」にはめて修養を積むことは、武道や芸事にも通じます。洗練された「型」には、先人たちの智恵や思いが凝縮《ぎょうしゅく》されています。それらを体感することで豊かな精神性が育まれ、解脱へ向かっていけるのです。

解脱というと、むずかしく感じるかもしれませんが、要するに、真理に気づいて苦しみから解き放たれることです。それは、日々の生活の中でも可能です。

真理とは、何百年経っても変わらない普遍的なものを言います。その真理は、身近な自然の中にあります。木々や草花の姿、季節や天気の変化など、身の回りの自然を感じ、その流れに即《そく》した生活をしていきましょう。そうすることで、日々気づきが起こり、苦しみを手放せる道を見出していけるでしょう。

玄関

げんかん

悟りに至るための関門

あなたの家の玄関は、きちんと片づいていますか？　脱いだままの靴が放置されていたり、ゴルフバッグや古傘が片隅《かたすみ》でホコリをかぶったりしていませんか？　玄関は「家の顔」と言いますから、いつも明るく心地よい状態に整えておきたいですね。

今ではどの家にも当たり前にある玄関ですが、一般の家に登場したのは江戸時代です。もともとは、建造物の一部を指す名前でもありませんでした。

仏教における「玄関」は、禅門の「玄妙《げんみょう》な道に入る関門」を意味します。玄妙な道、すなわち、味わい深いおもむきがあるその道は、悟りへと至る道のことです。つまり玄関は、悟りへ至るための関門を表す言葉だったのです。

実際の玄関は、まず禅寺の方丈《ほうじょう》に登場しました。方丈は、住職の居室でもあり、また儀式を行うところでもあります。禅寺でもっとも奥深い場所にあり、重要な場に入る関（関所）だったので、その入り口も玄関と呼ばれ始めたのです。

のちに、武家屋敷にも玄関が作られるようになり、江戸時代になって、その習慣が一般にも広がったというわけです。

その昔、方丈の玄関は、禅僧にとって緊張する場所でした。なぜなら、玄関をくぐったとたん、住職や先輩の僧侶から、挨拶（14ページ）として禅問答をかけられたからです。

現在でも、玄関が内と外の世界を分ける境目であり、気持ちを切り替える結界《けっかい》であることに変わりはありません。玄関を通る際に、自分自身の心にいったん区切りをつけ、気持ちにメリハリをつけることはとても大切です。

また、スマホやパソコンが身近にあり、24時間外の世界とつながれる今の時代は、心にも玄関が必要かもしれません。自分と他人の境目をきちんとつければ、平穏な心が保て、尊敬や思いやりを持って相手と接することができるでしょう。

極楽

ごくらく

満ち足りて苦しみのない場所

あなたが「あぁ、極楽だ」と言うシチュエーションを思い浮かべてください。気持ちよい温泉に浸《つ》かった時や、忙しかった1日を終えて布団に入った瞬間でしょうか。あるいは、気心の知れた仲間と美酒美食を楽しむ時間でしょうか。

「極楽浄土《じょうど》」という言葉があるように、仏教で極楽とは、「浄土」。私たちが仏となって帰る場所であり、すべてが満ち足りて苦しみのない世界のことです。

私たちは生きている限り、欲や執着などの煩悩をなくすことができません。しかし、人生を終えて浄土へと旅立てば、すべての煩悩から自由になります。お金や地位の獲得、仕事での競争、人間関係など、すべての煩わしさから解き放たれ、真の幸せに満たされます。まさに、極楽世界です。

ただし、現世でも本当の意味での極楽が作れます。それを「娑婆《しゃば》浄土」と言います。娑婆とは、私たちが生きる現実世界のことです。

娑婆浄土を作るにはどうすればいいか。次のような教えが説かれています。

多欲な人は、恵まれた暮らしをしていても満たされず苦悩が多い。少欲な人は、地面に寝るような貧しい生活でも、満ち足りていて心が穏やかである。

簡単に言えば「小欲知足《しょうよくちそく》」の教え。もっとわかりやすく言うなら、「足るを知る」生き方です。つまりは、自分の心次第で、どこにいても「これで十分。ありがたい」と感謝でき、極楽だと思えるようになるのです。

この「極楽」を体現されているのが、七福神のひとり、布袋様《ほていさま》です。

布袋様は、全財産を入れた頭陀袋《ずだぶくろ》を背負い、大きなお腹を出してニコニコ笑っています。悟りを開いた後、布袋様はあの姿で生きる道を説いて回ったのだそうです。欲やこだわりがなくなると、自身の評価や損得を一切気にせず、煩悩から自由になり、極楽に生きられるのです。その理想像のひとつが、布袋様だと言えるかもしれません。

自由
じゆう

自分自身の本質に沿って生きること

いきなりですが、「自由」とは何でしょう？

現代では「なんでも思い通りにできること」「制約のない状態」などが、自由だと思われがちですが、仏教では違う意味でも使います。

もともと「自由」は、「自《みず》らに由《よ》る」という意味で、自分以外のものには影響されず、自分自身の本質に沿って生きることを表します。

どんなに素晴らしい教えにも、尊敬できる人の言葉にも左右されず、自分の体験を通して得た生き方を貫く。これが、自由に生きることなのです。

お釈迦様は、亡くなる間際、悲しむ弟子たちに次の言葉を遺《のこ》しました。

「自灯明《じとうみょう》、法灯明《ほうとうみょう》」。（自らを灯《あか》りとし、仏法を灯りとして生きなさい）

『広辞苑第七版』では、「他に頼らず自らを拠りどころとし、正しい教えを拠りどころとすること」と記されています。

この「正しい教え」とは、経典の言葉や僧侶の法話を指すのではありません。自らが会得した生き方であり、自分の中に尊い仏性があると気づくことです。経典や法話は、その気づきをサポートするだけに過ぎません。

では、拠りどころとなる生き方を体得するには、どうしたらいいでしょうか。

まず、それを確立するには、手間がかかると覚えておきましょう。

なぜなら、ひとつひとつのことに丁寧に向き合い、自分の考えや感性と照らし合わせなければ、気づきのきっかけとすることができないからです。

当然、「これだ！」という確信をつかむには、時間もかかります。

しかし、目の前のことを念入りにやっていくと、次第に、やっていることと自分自身がひとつになる感覚を得られるようになります。そのような体験を重ねていくうちに、自分の内側にある仏性や自分自身の力に気づいていけるでしょう。

そしてある時、あなたは自由に生きている自分を発見するはずです。

達者

たっしゃ

仏教の深い境地に達した者

「達者」という言葉は、「和を以《もつ》て貴《とうと》しとなす」で有名な、十七条《じゅうしちじょう》憲法の第一番に出てきます。この憲法を作ったといわれる聖徳太子は、日本に仏教を根づかせた人物です。第一条の冒頭は、次の言葉で始まっています。

「一に曰《いわ》く、和を以て貴しとなし、忤《さから》うことなきを宗《むね》とせよ。人皆党《たむら》あり、また達《さと》れる者少なし」

原文は漢文ですから読み下し文をご紹介しましたが、この中の「達れる者」が「達者」。「真実を極めた者」「仏教の深い境地に達した者」という意味です。

この一文を、意訳してみましょう。

「和を大切にし、争わないようにしなさい。人は同じ考えを持つ者で群がりがちだが、道理を悟っている者は少ない」

人はどうしても独りよがりになり、いさかいを起こしてしまいます。

ですから、十七条憲法の第二条では、「仏法僧《ぶっぽうそう》」（仏様、仏の教え、僧侶）を敬い、仏教を学ぶようにと定められています。

現代では、「達者」と言えば、「お達者で」とか「○○が達者」と言われるように、健康であることや、特定の技術に熟達していることを指します。

しかし本来の「達者」とは、仏の教えを深く学んだだけでなく、広い視野を持って行動できる者。言い換えるなら、菩薩のような存在を言うのです。

これまで見てきたように、菩薩は他者を悟りに導く存在です。「達者」も、自分だけが悟るのではなく、周囲の人と共に真実への道を進むことを目指します。

独善的にならず、すべての物事を見通し認めた上で、助けが必要な人に手を差し伸べられる存在。それが、達者なのです。

自分の経験から得た学びや気づきを、身近な人に伝える。相手を気遣って一声かける。そんな人は、すでに達者だと言えるでしょう。

中道

ちゅうどう

苦行にも快楽にも偏《かたよ》らないあり方

「暑さ寒さも彼岸まで」と言うように、春分、秋分の日を中心としたお彼岸が過ぎると寒暖《かんだん》が和《やわ》らぎます。お彼岸は、一年の中でも過ごしやすい時期です。

なぜお彼岸がこのような時期に定められたか、ご存じですか？

一説によると、「中道」の教えと関連していると言われています。

中道もまた、仏教の大切な教えのひとつで、極端に走らない中立なあり方を言います。苦行にも快楽にも偏らず、バランスのとれた中正な立場。要するに、「右も左もなく、ほどよいところ、真ん中を行きなさい」と説く教えです。

昼夜の長さが同じで、暑くも寒くもない頃に、すでに彼岸に渡ったご先祖様を供養するのは、この中道の教えと結びついたからとも考えられているのです。

念のために言うと、中道は、「中流」や「中庸《ちゅうよう》」とは違います。「中流」は、他者との比較の中で見出した中間地点のことで、社会的地位や生活のレベルを表す時に使います。「中庸」は儒教《じゅきょう》の言葉で、生活する中でもっとも適切で、妥当《だとう》な選択をするための指標《しひょう》とします。

中道も生きる上での指標となりますが、仏教の真理を実践することを意味します。決して、比較や処世術ではありません。仏の智慧や慈悲の心から湧き上がる自分自身の意志による実践です。

中道を行く生き方は、まず「右」や「左」を認めるところから始まります。極端なものを排除《はいじょ》したり、攻撃したりするのではなく、分け隔てなく受け止める。そこから、「これが自分の道だ」と思う道をひょうひょうと歩いていく。

それが、中道を行くということだと私は思います。

日頃の人間関係や物事の判断においても、私たちはともすれば極端に走り、自ら苦の原因を作りがちです。しかし、常に中道を意識すれば、調和のとれた生き方が可能になるでしょう。

索引

索引

ブックデザイン：石間淳
カバーイラスト：保光敏将
編集協力：江藤ちふみ

枡野俊明（ますの・しゅんみょう）

1953年神奈川県生まれ。曹洞宗徳雄山建功寺住職、庭園デザイナー、多摩美術大学環境デザイン学科教授。玉川大学農学部卒業後、大本山總持寺で修行。「禅の庭」の創作活動を行い、国内外から高い評価を得る。芸術選奨文部大臣新人賞を庭園デザイナーとして初受賞。ドイツ連邦共和国功労勲章功労十字小綬章を受章。2006年の『ニューズウィーク』日本版「世界が尊敬する日本人100人」に選出される。主な作品に、カナダ大使館東京庭園、セルリアンタワー東急ホテル庭園など。『怒らない 禅の作法』（河出書房新社）、『心配事の９割は起こらない』（三笠書房）など著書多数。

仏教の智慧が学べる
日々のことば

2020年５月20日 初版印刷
2020年５月30日 初版発行

著　者　枡野俊明
発行者　小野寺優
発行所　株式会社河出書房新社
〒151-0051 東京都渋谷区千駄ヶ谷2-32-2
電話 03-3404-1201［営業］ 03-3404-8611［編集］
http://www.kawade.co.jp/

ＤＴＰ　ユノ工房　中尾淳
印　刷　株式会社亨有堂印刷所
製　本　大口製本印刷株式会社

Printed in Japan　ISBN978-4-309-24962-9